La dama duende

European Masterpieces
Cervantes & Co. Spanish Classics N° 69

Founding Editor: Tom Lathrop
                     Cervantes Society of America

General Editor: Matthew Wyszynski
                     University of Akron

PEDRO CALDERÓN DE LA BARCA

La dama duende

edited by

FERNANDO GÓMEZ
Knox College

Cervantes & Co.

NEWARK DELAWARE

Cervantes & Co. Spanish Classics #69

European Masterpieces
An imprint of LinguaText, Ltd.
103 Walker Way
Newark, Delaware 19711-6119 USA
(302) 453-8695
Fax: (302) 453-8601

MANUFACTURED IN THE UNITED STATES OF AMERICA

ISBN: 978-1-58977-103-1

I dedicate this book to my wife, JULIE, and children, MAYA and LUCA, for their love and support; to my dear friend and colleague, JERRY MINER, for his friendship and editorial advice that has strengthened my work; and to my wonderful colleagues at Knox College, TIM FOSTER, JESSIE DIXON, ROBIN RAGAN, ANTONIO PRADO DEL SANTO, JULIO NORIEGA, and CLAUDIA FERNÁNDEZ, who contribute to keeping my love for this profession alive and enthusiastic.

Table of Contents

Introduction to Students

THE OBJECT OF THIS Edition is to assist you with the difficulties you will face when beginning to read Golden Age Theater in Spanish. Concise explanations that discuss the significance of Calderón in the history of the Spanish stage, the socio-political conditions confronting Spain during the seventeenth century, as well as the Baroque features of the play, aim to prepare first-time readers, you, to understand the context in which the author wrote the work and to identify the background and esthetic qualities within it. Furthermore, by glossing words you may not know, and adding footnotes that explain enigmatic references, idiomatic expressions, and key moments in the play, you are more likely to stay on the page you are reading and not have to leave it to consult other resources. The fewer interruptions you have, the more fluid and, hopefully, enjoyable your reading of *La dama duende* will be.

PEDRO CALDERÓN DE LA BARCA (1600-1681)

Along with Lope de Vega and Tirso de Molina, Pedro Calderón de la Barca took the Spanish theater to new splendorous heights and contributed to making the seventeenth century part of what Spain calls its Golden Age. The young Calderón demonstrated poetic talent from an early age. By the time he was 22 years old, he had already won prizes in two important poetry contests in Madrid. He wrote his first play, *Amor, honor y poder*, at the age of 23, which followed the esthetics of the *comedia nueva* initiated by Lope de Vega, and was acclaimed by the abundant and diverse theater fans that made up the typical Spanish audience. The 1620s were an opportune time to show such talent in playwriting, as the decade also saw the beginning of the reign of Felipe IV, who loved the theater and funded it well. Calderón at this point, however, had only just begun his career. During the 1630s, he wrote some of his finest work, such as *La vida es sueño*, *El gran teatro del mundo*, and *El alcalde de Zalamea*. Plays of this caliber made Calderón the favored

9

playwright of Felipe IV, who then granted him knighthood in the respected Order of Santiago in 1636 for his unique talents. During the 1640s, Calderón began to experiment with new staging techniques, and working with the innovative Italian set designers Cosme Lotti and Baccio de Bianco, who added new wonders to the Spanish stage. The ground-breaking technology invented at the time enabled them to create special effects that enhanced the visual pleasure of the spectacle and constructed theatrical spaces never seen before. Nowhere was this better achieved than in the ethereal worlds staged for Calderón's highly popular *autos sacramentales* (a type of morality play), the genre he concentrated on and eventually mastered after becoming a priest in 1651. Toward the end of his career, Calderón also began to experiment with a new genre of musical theater with plays such as *El laurel de Apolo; La púrpura de la rosa; La fiera, el rayo y la piedra*; and *Las fortunas de Andrómeda y Perseo*. The public enthusiasm for this new operatic-style of theater in which actors sung many of their lines and performed dances sparked the creation of what is called the *zarzuela* in Spain. By the time of his death at age 81, Calderón had written 200 plays: 120 *comedias* and 80 *autos sacramentales*. However, it is not so much the quantity, but the quality of his plays' exquisite poetry, intriguing and well-developed themes, memorable characters, and impeccable plot structure that make Calderón one of Spain's greatest playwrights as well as one of its most well-known writers outside the country.

SPAIN AND THE BAROQUE AESTHETIC
DURING THE SEVENTEENTH CENTURY

The sixteenth and seventeenth centuries are the period in Spanish history known as the Golden Age. Militarily, Spain dominated many important regions of Europe, Africa, Asia, Oceania, and much of the newly discovered Americas; and, culturally, the country produced some of the world's greatest and most universally admired art and literature. The seeds of such power and artistic flourishing began when Fernando of Aragon and Isabel of Castile, two cousins of the Trastámara dynasty, united their already strong kingdoms through marriage in 1469 to become the superpower of the day. Their combined strength managed to end the almost eight centuries long *Reconquista* in 1492 to claim back the last vestige of Muslim Spain, when they overtook the last Muslim stronghold in Granada. The steady march towards political centralization and religious unity initiated the building of the modern nation-state we know of today as Spain, and inspired a process of redefining Spanish identity.

When Fernando and Isabel passed the crown to their grandson Carlos V in 1516, they added to Spain's already significantly large territories throughout the Americas, Africa, and the Mediterranean—the dominions belonging to the other lineages of the young prince's family tree, namely the Habsburgs and Valois-Burgundy dynasties, including the Low Countries, Germany, Franche-Comté (of eastern France), and, for a brief time, Austria as well. In addition to inheriting a monarchy with the most extensive domain in history, Carlos V also became Holy Roman Emperor in 1519. All of this by the time he was twenty years old! The Habsburg family continued to rule Spain with Felipe II (1556-1598), Felipe III (1598-1621), Felipe IV (1621-1665), and ended with the death of Carlos II in 1700, at which point Felipe V, the first king of the Bourbon dynasty, assumed the throne.

Though Spain during its Golden Age found itself at the height of its political and cultural influence, this period was also heavily marked by a variety of religious, political, and economic calamities that threatened the country's domination in Europe. Such crucial moments include the rupture in the Catholic Church brought on by the Protestant Reformation of 1517; constant invasions of Spanish territory by Francis I of France, Henry VIII of England, and the Turks of the Ottoman Empire; as well as several bankruptcies before and after Calderón's lifetime that undermined the economic stability of the country. So many crises on several fronts caused the people of Spain to re-evaluate their spiritual and national identity. In the late sixteenth century, many Spanish artists from all genres began to respond to these challenges by offering a new vision of the world and of their country. The results often presented a much darker and cynical perspective of reality than their more optimistic predecessors of the Renaissance. This new esthetic of disillusionment typifies what we call the Baroque as it exposes reality as unstable and moldable to anyone's whims. As opposed to the Renaissance belief that things naturally exist and remain constant, we find characters in Baroque theater questioning their existence in an obscure and constantly shifting environment. Instead of the prior vision of the world as a place of wonders to explore and manipulate to improve humanity's lot in life, it now became likened to a dark and chaotic labyrinth that deceives the senses and keeps its inhabitants from finding their way out. Likewise, the Baroque world was often compared to a stage on which one can create a new reality through play and action in order to pursue selfish interests and control others. In such a world, things are never as they appear, nor can anything be taken for granted.

However, the malleability of reality also offers characters the opportunity to use their own illusion-making capacities to break out of the limitations that others place on them, by refashioning themselves into what they want to be. Cervantes's Don Quijote and Calderón's own Segismundo in *La vida es sueño* are two of Spain's most widely known protagonists that refuse to have faith in the reality others have created for them and thus venture forth through action and experience, to forge their own identity on their own terms. The Spanish stage at this time presents us with a wide variety of such characters struggling through darkness and illusions to arrive at a clearer awareness of what is true and real. At the end of the journey through the dark tunnel of life, they do not conceive of themselves as entities that simply exist in a stable state, but rather as ones that they have created themselves.

As you read *La dama duende*, try to apply your knowledge of seventeenth-century Spain and the Baroque esthetic to the play by discussing the following topics:

- Characters that are affected by the religious, political, and economic conditions of their time
- Social conventions that empower some and limit others
- Moments when characters misinterpret their surroundings and experience difficulty distinguishing between truth and illusion
- How characters refashion their identities and for what purpose

LA DAMA DUENDE
Genre
La dama duende was written in 1629, and represents a highly popular genre of theater at the time called the *comedia de capa y espada,* or "cloak and dagger play." The basic characters of this type of play tend to be the following:

the *galán*: a handsome and exemplary young man of lower to middle nobility

the *dama*: the lady that the *galán* wishes to pursue while at the same time guarding her honor

the *barba*: meaning "bearded person," he is the authority figure, often played by the lady's father, or brother, who presents an obstacle to the two lovers

the *antagonista*: another young nobleman that competes with the *galán* for the *dama's* favor

the *gracioso*: the *galán's* servant, who is also the comic relief of the play. The *gracioso* typically wants to indulge in eating and drinking, runs in fear when danger nears, and makes a wide variety of scatological jokes.

the *criada*: the *dama's* servant, who often also functions as her accomplice and confidant

These dramas normally take place in an urban setting and present a fast-moving plot with as many twists, or "*enredos*," as the playwright can possibly fit into the three acts. The action normally moves according to the schemes concocted by the *galán* and the *dama* to avoid the obstacles presented by the *barba* and/or the *antagonista*. The jealousy of the *antagonista* often creates the danger and suspense in the play, which tends to be resolved in a sword-fight with the *galán*. Such plays also tend to use disguises, hidden spaces, special doors, secret passages, hiding spots, and other such theatrical devices that cause much confusion amongst the characters and keep the spectators on the edge of their seats. Though there are plenty of examples of *comedias de capa y espada* that end tragically, most have a happy ending when the *galán* and *dama*, and sometimes even their servants, promise marriage to each other.

Jornada I

The year is 1629, and Don Manuel, a captain in the royal army, has just arrived in Madrid from Burgos with his servant Cosme, to present the king with his service papers in order to get a promotion. His old military friend, Don Juan de Toledo, has invited him to stay at his home where he lives with his younger brother, Don Luis. Having barely stepped foot into the city, Don Manuel is approached by a veiled woman in distress who begs him to distract the man (who is none other than Don Luis) who is pursuing her, so that she can escape in order to save her honor. We soon learn that she is Doña Ángela, the young and beautiful sister of Don Juan and Don Luis. She has recently moved into her brothers' home after her husband's death left her with a hefty debt to pay to the king. As re-marrying was generally frowned upon at that time, social morés pressure her to hide from the world in her room, and take the solemn dress of a widow, in order to preserve hers and her family's honor. Doña Ángela, however, refuses to live confined and, therefore, cloaks herself with a veil to experience the freedom beyond the walls of her home without being recognized. The fateful encounter between Doña Ángela and Don Manuel sparks their interest in one another and motivates the young widow to discretely thank her brother's guest for protecting her, who in turn sets out to discover her true identity. When Doña Ángela's servant, Isabel, shows her a door disguised as a hutch that leads into the suite of the handsome new guest of the house, she secretly uses it to enter his quarters and leave him letters in which she depicts herself as a damsel in distress. This ignites Don Manuel's own fantasies that entice him to play the role of the medieval knight and rescue the fair lady from her desperate situation. The two protagonists' servants also become involved in the mysterious game when Isabel plays a prank on Cosme by taking the money in his suitcase and leaving coal in its place. The superstitious Cosme comes to believe that all of these strange acts are the work of a spirit in the house who wishes to torment them while his more rational master decides to seek out who is behind the mischief.

Jornada II

Captivated by a letter from the damsel in distress, Don Manuel decides to play along and return a letter written in the style of the medieval chivalric romances. The plot thickens as he dispels his theories concerning the identity of the veiled woman, only to be left in greater confusion at the end of the second act. Meanwhile, Doña Beatriz has arrived to stay with Doña Ángela and joins in on the antics. While Don Manuel is on his way to El Escorial to see the king, Doña Ángela sneaks into his suite through the secret door behind the hutch to snatch from his luggage the portrait of a lady she fears might be a love interest of his. Don Manuel, however, unexpectedly returns to his suite to retrieve his service papers, which Cosme forgot to pack. Once back in his suite, Don Manuel finds the "spirit" lurking within. This climactic moment causes him for the first time to believe that the mysterious woman very well could be a supernatural being. Unlike Cosme, however, Don Manuel is not overcome with fear, but rather only becomes more persistent in solving the mystery. Just when he has the opportunity to discover who the mysterious woman is, she manages to escape through the hutch while the two guests are distracted.

Jornada III

When Don Manuel accepts an invitation from the mysterious woman to meet her in secret, he finds himself blindfolded and led through a cemetery at night to what he believes is her palace, which turns out to be Don Juan's house, the place where he has been staying the whole time. There, within her chambers takes place a play-within-the-play in which Doña Ángela, with Isabel and Doña Beatriz adding to the illusion, pretends to be a noblewoman of great importance who cannot reveal her identity to anyone for her honor's sake. When Don Juan comes banging on the door, Isabel takes Don Manuel to another room that, unbeknownst to him, is his own. When Cosme breaks the illusion and proves to his master his true whereabouts, Don Manuel finds himself completely dumbfounded. To make matters worse, Don Luis hears a noise coming from behind Doña Ángela's door that leads to their guest's room, and passes through it to find the secret door to Don Manuel's suite out of its place. Going through it, he discovers Don Manuel in his room and assumes that he had made the noise while running from Doña Ángela's chambers in order to avoid being caught red-handed. Believing his guest has dishonored his home and family by secretly meeting with his sister leads him to challenge Don Manuel to a duel. In a brief break from the sword fight, Doña Ángela reveals her true identity, as well as her love, to Don Manuel, which inspires Don Manuel to resolve the duel with Don Luis and the matter of Doña Ángela's honor at the same time by proposing marriage to her.

Theatrical spaces

To visualize the action of the play, it is important to know that the stage of the *corral* was surrounded on three sides by the audience and that the back wall had two floors with three doorways (actually a curtain) on each one. In *La dama duende,* the stage is used to represent the different theatrical spaces of the play (i.e. the street, Don Manuel's suite, Doña Ángela's chambers, and the interior of the house that lies between their rooms) and the curtains function as the doors to each area. As characters move in and out of these spaces, the spectators (and we the readers) must take clues from the dialogue to understand when a change in space has occurred, and to imagine what each one looks like.

Particular attention needs to be paid to Don Manuel's suite, where the intriguing feature of the hutch is staged. Though a director could place this prop in front of any of the three doorways on the stage, J. E. Varey provides evidence that it was most likely in front of the central doorway (171). In any case, one of the two other doors would then lead to the exterior of the house, and the other with an adjoining room within the suite where the final duel between Don Manuel and Don Luis takes place. In Doña Ángela's room we find one door that leads to the rest of the house and another that leads to the interior space called a "*jardín*," which Antonucci believes to be a patio area within the house (27). Though Varey believed Doña Ángela's chambers and Don Manuel's suite were side by side, Marc Vitse uses the dialogue and other versions of the play to demonstrate the important detail that the two rooms are separated by the *jardín* and thus far apart from each other. This helps us realize that Don Luis is in the interior patio of the house when he discovers the hutch out of its place in Act III, which, therefore, allows us to better visualize and appreciate this climactic moment. Furthermore, the text creates some confusion in this scene as the stage directions indicate that Don Luis leaves Doña Ángela's room through the "*alacena*" (hutch), which obviously is not the same one we see in Don Manuel's room, but rather the same doorway on the stage that acts as both the hutch in his suite as well as the door in

Doña Ángela's room. For a detailed explanation of Calderón's contradictory use of the word "*alacena*" and how this scene might have been staged, see Vitse's "Sobre los espacios en *La dama duende*" (147-57).

THE SPANISH LANGUAGE IN THE SEVENTEENTH CENTURY

Reading *La dama duende* gives us a feel for how Spanish sounded in Madrid during the 1620s. You will find many linguistic differences from contemporary Spanish, but the glosses and footnotes will help you understand the meaning. I have glossed each problematic item the first time it appears in the act, but usually not again unless many verses have passed, or if the word has a new meaning. The list below will prepare you for some of the linguistic idiosyncrasies you will find in the play:

Words that were of a different gender or followed different rules: *un* hora (v. 1), *el* alacena (v. 1107), *la* margen (v. 1298), *el* alcoba (v. 2193), *una* enigma (v. 2374).

Use of *vos* instead of *tú*. The conjugated verb that goes with *vos* is like the contemporary conjugation that accompanies *vosotros*.

vuestra merced is the formal address from which *usted* derives. It takes on the following spelling in the play: "vuesarced" (v. 135).

Words in their older forms: "agora" (*ahora*), "mesma" (*misma*), "aceto" (*acepto*), "efeto" (*efecto*), "priesa" (*prisa*), "escuras" (*oscuras*), "ansí" (*así*), "aqueso" (*aquello*), "aquesta" (*esta*).

Rules for *ser* and *estar* are different; for example, "soy muerta" (v. 2425).

Pronouns can be unconnected to infinitives or commands; for example, "le esperad" (*esperadle*) (v. 2600).

Pronouns can be connected to conjugated verbs; for example, the stage direction, "Vase" (*Se va*), "¿Veslo?" (*¿Lo ves?*) (v. 1654).

The *r* of an infinitive is often replaced by an *l* when a pronoun is attached: "querella" (*quererla*) (v. 1898), "llamalle" (*llamarle*) (v. 1747).

The *d* in a *vos* command often switches with the *l* of a connected direct or indirect object pronoun; for example, "aconsejalde" (*aconsejadle*) (v. 948).

Seventeenth-century Spanish had a future subjunctive mode that has since fallen from use in modern Spanish, except in certain fixed expressions, such as "*fuere lo que fuere.*" It is constructed by using the stem of the third-person plural form of the preterit tense, dropping the *-ron* from it, and adding to it *-re* (yo), *-res* (tú, vos), *-re* (él, ella), *-remos* (nosotros), *-reis* (vosotros), and *-ren* (ellos, ellas).

Interchanging the direct and indirect object pronouns *le*(*s*) and *la*(*s*); for example, "Dila que me haga un favor" (*Dile...*) (v. 1373) or "No le sueltes" (*No la sueltes*) (v. 1597).

Common contractions no longer used; for example, "desso" (*de eso*), "destos" (*de estos*), "dello" (*de ello*), "desta" (*de esta*), dél (*de él*).

VERSIFICATION

One of the required tasks that often perplex the beginning reader of Golden Age Theater is identifying the different metric schemes of the play. Each poetic form has its own number of syllables per verse, rhyme scheme, and number of verses per stanza. By alternating between these forms, a playwright could control the pace of the play's action, using verses with fewer syllables for faster-moving scenes (e.g. *romances,* defined below) and others with more syllables for slower, more meditative moments (e.g. sonnets). The change in poetic form could also help signal that a change in space has occurred on the stage. The audience was well attuned to this quality of the play and could be dissatisfied if the playwright did not use it effectively. The best way to accustom yourself to the feel of the different forms is to recite each one aloud and compare the way each sounds and the rhythmic effect each produces. The use of a variety of poetic forms in the *comedia* was initiated and encouraged by Lope de Vega in his *Arte nuevo de hacer comedias en este tiempo* in which he explains how a playwright might best employ each type for a particular function.

Calderón uses the following poetic forms in *La dama duende*:

romances: verses of eight syllables with assonant rhyme (only the vowels rhyme, and only in even numbered verses: *fiestas, celebra, aciertan, fuera, muerte*)[1] and without a set number of verses per stanza

---

1 Two more things: if a vowel ends a word and another vowel begins the next one, the two merge to form a single syllable. If there are three vowels in a row, they also count as one syllable, as you will see in the first three words of the example. What looks like eleven syllables here is really just eight: *dand*o a *e*ntender, que *en* haciendo. Also, in truth, you count only to the last stressed sylable, then add one. These verses all count as eight syllables (starting at verse 2030). The odd-numbered verses have been eliminated:

la es-cri-ba-ní-a ve-ré + 1
de la luz to-do se ve + 1
tan so-be-ra-na mu-jer + 1
Hi-dras, a mi pa-re-cer + 1
na-cen mil. ¡Cie-los! ¿Qué ha-ré? + 1

redondillas: four verses of eight syllables each per stanza with full rhyme (abba)

silvas pareadas: Like the traditional *silva,* the *silva pareada* alternates between verses of seven and eleven syllables; what makes it "*pareada*" is the pairing of verses within the stanza with a full rhyme.

décimas: ten verses of eight syllables each per stanza

sonetos: contructed by two quartets (stanzas of four lines) (ABBA ABBA) followed by two tercets (stanzas of three lines) (CDE CDE or CDC DCD). The verses have eleven syllables with full rhyme

quintillas: five verses of eight syllables each per stanza with full rhyme that can take a variety of patterns

The following metric scheme shows the poetic forms in *La dama duende*:

Jornada I
1-368 *romance (e-a)*
369-652 *redondillas*
653-780 *silva pareada*
781-1002 *romance (e-e)*
1003-1102 *redondillas*

Jornada II
1103-1310 *romance (a-e)*
1311-1410 *décimas*
1411-1530 *redondillas*
1531-1730 *romance (e-o)*
1731-1888 *silva pareada*
1889-1916 *sonetos*
1917-2028 *redondillas*
2029-2242 *romance (é)*

Jornada III
2243-2292 *quintillas*
2293-2422 *décimas*
2423-2592 *romance (e-e)*
2593-2672 *quintillas*
2673-2910 *romance (e-e)*
2911-3034 *silva pareada*
3035-3114 *romance (a-a)*

NOTE ON THIS EDITION
This edition is based on Wikisource's electronic version of the play.[2] I have modified some of the format and modernized the punctuation when I believed it would facilitate the reading. I also consulted the editions of Jesús Pérez Magallón (2011), Fausta Antonucci (1999), Antonio Rey Hazas y Sevilla Arroyo (1989), and A. J. Valbuena-Briones (1976) to determine if certain words needed correction and if certain verses missing in this version should be added or not.

BIBLIOGRAPHY
Selected Editions of La dama duende
Calderón de la Barca, Pedro. *La dama duende*. Ed. A. J. Valbuena Briones. Madrid: Cátedra, 1976. Print.
———. *La dama duende. Casa con dos puertas, mala es de guardar.* Ed. Antonio Rey Hazas y Sevilla Arroyo, Florencio Barcelona: Planeta, 1989. Print.
———. *La dama duende*. Ed. Fausta Antonucci. Barcelona: Crítica, 1999. Print.
———. *La dama duende*. Ed. Jesús Pérez Magallón. Madrid: Cátedra, 2011. Print.

Selected Critical Studies of La dama duende
Arellano, Ignacio. "*La dama duende* y sus notables casos." *Cuadernos de Teatro Clásico* 15 (2001): 127-39. Print.
Blue, William R. "The *Unheimlich* Maneuver: *La dama duende* and *The Comedy of Errors.*" In *Echoes and Inscriptions: Comparative Approaches to Early Modern Spanish Literatures*. Ed. Barbara Simerka and Christopher B. Weimer. Lewisburg: Bucknell UP, 2000. 174-87. Print.
Bobes Naves, María del Carmen. "Cómo está construida *La dama duende.*" *Tropelías: Revista de teoría de la literatura* 1.1 (1990): 65-80. Print.
Caballo-Márquez, Reyes. "Erotismo y fantasía: La mujer y la imaginación en *La viuda valenciana* y *La dama duende.*" *Comedia Performance* 3.1 (2006): 29-42. Print.
De Armas, Frederick A. *The Invisible Mistress: Aspects of Feminism and Fantasy in the Golden Age.* Charlottesville: Biblioteca Siglo del Oro, 1976. Print.
———. "Mujer y mito en el teatro clásico español: *La viuda valenciana* y *La dama duende.*" *Lenguaje y textos* 3 (1993): 57-72. Print.
———. "'Por una hora': Tiempo bélico y amoroso en *La dama duende.*" *La dramaturgia de Calderón: Técnicas y estructuras.* Ed. Ignacio Arellano and Enrica ancelliere. Madrid: Iberoamericana, 2006. 115-31. Print.
Fernández Utrera, María Soledad. "'Juegos de lenguaje' en *La dama duende.*" *Bulletin of the Comediantes* 45.1 (1993): 13-28. Print.
Honig, Edwin. "Flickers of Incest in the Face of Honor: Calderón's *Phantom Lady.*"

---

2   This version is found at: http://es.wikisource.org/wiki/La_dama_duende.

Tulane Drama Review 6.3 (1962): 69-105. Print.

Mujica, Barbara K. "Tragic Elements in Calderón's *La dama duende.*" *Kentucky Romance Quarterly* 16 (1969): 303-28. Print.

Nelson, Bradley J. "The Marriage of Art and Honor: Anamorphosis and Control in Calderón's *La dama duende.*" *Bulletin of the Comediantes* 54.2 (2002): 407-41. Print.

Schizzano Mandel, Adrienne. "*La dama* juega al *duende*: Pre-texto, geno-texto y feno-texto." *Bulletin of the Comediantes* 37.1 (1985): 41-54. Print.

Stroud, Matthew. "Social-Comic Anagnorisis in *La dama duende.*" *Bulletin of the Comediantes* 29 (1977): 96-102. Print.

Suárez, Juan Luis. "¿Quién es Doña Ángela? Drama, identidad e intimidad en *La dama duende.*" En *Sexo(s) e identidad(es) en la cultura hispánica.* Ed. Ricardo Fuente Ballesteros y Jesús Pérez Magallón. Valladolid: Universitas Castellae, 2002. 156-72. Print.

Ter Horst, Robert. "The Ruling Temper of Calderón's *La dama duende.*" *Bulletin of the Comediantes* 27 (1975): 68-72. Print.

Varey, J. E. "*La dama duende* de Calderón: Símbolos y escenografía." En *Calderón: Actas del Congreso Internacional sobre Calderón y el teatro español del Siglo de Oro.* Ed. García Lorenzo, Luciano. Madrid: Consejo Superior de Investigaciones Científicas, 1983. 165-83. Print.

Vitse, Marc. "Sobre los espacios en *La dama duende: El cuarto de don Manuel.*" *Cuadernos de Teatro Clásico* 15 (2001): 141-60. Print.

Translation of La dama duende *consulted*

Calderón de la Barca, Pedro. *The Phantom Lady.* Trans. Matthew Stroud. 15 Dec. 2012. Web. *http://www.trinity.edu/mstroud/comedia/phantom.html*

La dama duende°   spirit

Comedia famosa

Pedro Calderón de la Barca

Personas que hablan en ella

DON MANUEL.	DON LUIS.
COSME, gracioso.	DON JUAN.
DOÑA ÁNGELA.	DOÑA BEATRIZ.
ISABEL, criada.	CLARA, criada.
RODRIGO, criado.	CRIADOS.

Jornada I

Salen DON MANUEL y COSME de camino.[1]

DON MANUEL   Por un hora no llegamos
a tiempo[2] de ver las fiestas
con que Madrid generosa°   magnanimus
hoy el bautismo° celebra   baptism
del primero Baltasar.[3]

COSME   Como esas cosas 'se aciertan°   go right

---

1   **De camino...** *dressed for travel*
2   **Por un...** *we're an hour late*
3   Baltasar Carlos (1629-46) was king Felipe IV's only child, whose birth was cause for much celebration as there was concern for who would inherit the throne.

o 'se yerran° por un hora,   go wrong
por un hora que füera
antes Píramo a la fuente,
10   'no hallara° a su Tisbe⁴ muerta.   wouldn't have found
Y las moras° no mancharan,   blackberries
porque dicen los poetas
que con arrope° de moras   juice
se escribió aquella tragedia.
15   Por un hora que tardara
Tarquino, hallara a Lucrecia⁵
recogida,° con lo cual   in bed
los autores° no anduvieran,   authorities
sin ser vicarios,° llevando   vicars
20   a 'salas de competencias°   courts
la causa sobre saber
si 'hizo fuerza° o no hizo fuerza.   he raped
Por un hora que pensara
si era bien hecho o no era,
25   echarse Hero⁶ de la torre,
no se echara, es cosa cierta,
con que se hubiera excusado
el doctor Mira de Mescua⁷
de haber dado a los teatros
30   tan bien escrita Comedia,
y haberla representado

---

4   Cosme humorously refers to the popular Roman tale of the lovers Pyramus and Thisbe from Ovid's *Metamorphoses*, in which Pyramus's late arrival to his secret meeting with Thisbe leads to misinterpretations that cause both to commit suicide.

5   Roman legend has it that Tarquinius raped Lucretia, who consequently committed suicide as a result of her dishonor. According to Cosme, had he arrived one hour later, the controversy over if he actually commited the crime or not could have been avoided.

6   According to the Greek myth, Hero committed suicide by throwing herself from her tower when she discovered that her lover, Leander, had drowned while swimming across the strait dividing the two in order to be with her.

7   Mira de Amescua was a popular Spanish playwright of Lope de Vega's generation who wrote a play about the Greek myth entitled *Hero y Leandro*.

Amarilis[8] tan 'de veras°   accurately
que 'volatín del carnal°   carnival acrobat
(si otros son de 'la Cuaresma°) Lent
35 sacó más de alguna vez
las manos en la cabeza.[9]
Y 'puesto que° hemos perdido = ya que
por un hora tan gran fiesta,
no por un hora perdamos
40 la posada;° que si llega   inn
tarde Abindarráez,[10] es ley
que haya de quedarse fuera;
y estoy rabiando por ver
este amigo que te espera,
45 como si fueras galán
al uso,[11] con cama y mesa,
sin saber cómo o por dónde
tan grande dicha° nos venga; joy
pues sin ser los dos torneos,° competitors
50 hoy a los dos 'nos sustenta.° feeds and clothes us

DON MANUEL Don Juan de Toledo es, Cosme,
el hombre que más profesa
mi amistad, siendo los dos
envidia, ya que no afrenta,° insult
55 de cuantos° la Antigüedad **cuantos *amigos***
por tantos siglos celebra.
Los dos estudiamos juntos,
y pasando de las letras
a las armas,[12] los dos fuimos
60 camaradas° en la guerra; comrades

---

8 Stage name of the popular actress of the time, María de Córdoba.

9 Pérez Magallón believes this to be a reference to an accident suffered by María de Córdoba during her representation of Hero's suicidal fall in Mira de Amescua's play (103).

10 Antonucci affirms that this reference to Abindarráez derives from the popular expression **Tarde llegó Abindarráez**, which was commonly used during the seventeenth century (5).

11 This refers to the typical **galán** of a **comedia**.

12 The ideal gentleman of the time was one learned both in arms and letters.

en las de Piamonte,[13] cuando
el señor duque de Feria[14]
con la jineta° me honró,   lance
le di, Cosme, mi bandera;
65   fue mi alférez,° y después,   second lieutenant
sacando de una refriega°   battle
una penetrante herida,
le curé en mi cama mesma.
La vida, después de Dios,
70   me debe; dejo las deudas°   debts
de menores intereses,
que entre nobles es bajeza
referirlas, pues por eso
pintó la docta Academia
75   al galardón° una dama   repayment of a favor
rica y las espaldas vueltas,
dando a entender, que en haciendo
el beneficio, es discreta
acción olvidarse dél;
80   que no le hace el que le acuerda.
En fin, don Juan, obligado
de amistades y finezas,°   courtesy
viendo que su Majestad
con este gobierno premia°   awards
85   mis servicios, y que vengo
'de paso° a la Corte, intenta   for a short visit
hoy hospedarme° en su casa,   stay the night
por pagarme con las mesmas.°   = amistad y finezas
Y aunque a Burgos[15] me escribió
90   de casa y calle las señas,°   house description
no quise andar preguntando

---

13   Refers to the war in 1624 between Spain and France in which
Felipe IV and his **valido**, the Count-Duke of Olivares, sent troops to
Piemonte (today in Italy) to protect the road, often called "the Spanish
Road," that connected Genoa and the Low Countries.

14   Refers to the Duke of Feria, Gómez Suárez de Figueroa (1587-
1634), who was respected for his military skills and for securing the roads
between the Spanish territories of Milan and the Low Countries.

15   City in northern Spain where Don Manuel was residing before
going to Madrid.

a caballo dónde era,
y así dejé en la posada
las mulas y las maletas.
95   Yendo hacia donde me dice,
vi las galas y libreas,°   uniforms
y informado de la causa,
quise, aunque de paso, verlas.
Llegamos tarde en efeto,
100   porque...

*Salen DOÑA ÁNGELA y ISABEL en corto
tapadas.*[16]

DOÑA ÁNGELA   Si como lo muestra
el traje, sois caballero
de obligaciones y prendas,
amparad a una mujer
que a 'valerse de vós° llega.   seeks your help
105   Honor y vida me importa,
que aquel hidalgo no sepa
quién soy, y que no me siga.
Estorbad° por vida vuestra   prevent
a una mujer principal
110   una desdicha, una afrenta,
que podrá ser que algún día...
¡Adiós, adiós, que voy muerta!

Vase.

COSME   ¿Es dama o es torbellino?°   whirlwind

DON MANUEL   ¡Hay tal suceso!

COSME   ¿Qué piensas
115   hacer?

---

16 **Las tapadas** refer to the women that covered their faces with a
veil similar to those of a nun, which commonly left only one eye exposed;
en corto means that their shoes were visible.

DON MANUEL	¿Eso preguntas?
	¿Cómo puede mi nobleza
	'excusarse de excusar°	refuse to prevent
	una desdicha, una afrenta?
	Que según muestra, sin duda
120	es su marido.[17]

COSME   Y ¿qué intentas?

DON MANUEL   Detenerle con alguna
industria,° mas si con ella°   trick, = **industria**
no puedo, será forzoso
el valerme de la fuerza,
125   sin que él entienda la causa.

COSME   Si industria buscas, espera,
que a mí se me ofrece una:
esta carta, que encomienda
es de un amigo, 'me valga.°   will serve me well

Sale DON LUIS y RODRIGO, su criado.

130   DON LUIS   Yo tengo de° conocerla,   = **que**
no más de por el cuidado
con que 'de mí se recela.°   runs from me

RODRIGO   Síguela y sabrás quién es.

Llega COSME, y retírase DON MANUEL.

COSME   Señor, aunque con vergüenza
135   llego, vuesarced° me haga   vuestra merced
tan gran merced, que me lea
a quién esta carta dice.

DON LUIS   No voy agora con flema.[18]

---

17   This is the first interpretative error that Don Manuel makes, as the **hidalgo** (don Luis) is not the **dama**'s (Doña Ángela) husband, but rather her brother.

18   **No voy...** *I don't have time for this*

COSME (*Detiénele.*) Pues si flema solo os falta,
yo tengo cantidad della
y podré partir° con vós. share

DON LUIS ¡Apartad!° get out of the way

DON MANUEL (*Aparte.*) ¡Oh qué derecha
es la calle! Aún no se pierden
de vista.

COSME Por vida vuestra…

DON LUIS ¡Vive Dios que sois pesado,° a pest
y os romperé la cabeza
si mucho me hacéis… !

COSME Por eso os
haré poco.

DON LUIS Paciencia
me falta para sufriros.
¡Apartad de aquí!

Rempújale. = **le empuja**

DON MANUEL (*Aparte.*) Ya es fuerza° necessary
llegar. Acabe el valor
lo que empezó la cautela.° ruse

Llega.

Caballero, este crïado
es mío, y no sé qué pueda
haberos hoy ofendido,
para que de esa manera
le atropelléis.° push him down

DON LUIS No respondo
a la duda o a la queja,

160		porque nunca satisfice°	resolves the problem
		a nadie. Adiós.

Don Manuel
                        Si tuviera
necesidad mi valor
de satisfaciones,° crea   apologies
vuestra arrogancia de mí,
que no me fuera sin ella.

165
Preguntar en qué os ofende,
por castigarle si yerra
merece más cortesía,
y pues la Corte la enseña,
no la pongáis en mal nombre,

170
aunque un forastero° venga   outsider
a enseñarla a los que tienen
obligación de saberla.

Don Luis   'Quien pensare° que no puedo   whoever thinks
enseñarla yo...'[19]

Don Manuel
                        'La lengua
175
suspended,° y hable el acero.°   be quiet; sword

Sacan las espadas.

Don Luis   Decís bien.

Cosme
                        ¡Oh, 'quién tuviera   I wish I had the will to
gana de reñir!°   fight

Rodrigo
                Sacad
la espada vós.

Cosme
                Es doncella,°   virgin
y 'sin cédula o palabra°   bond or promise of
180
no puedo sacarla.   marriage

---

19   Don Luis is about to say **miente** (*you are lying*), which is a strong
insult at the time. Don Manuel thus draws his sword to defend his honor.

Sale Doña Beatriz, teniendo a Don Juan,
y Clara, criada, y gente.

DON JUAN   Suelta,
                 Beatriz.

DOÑA BEATRIZ   No has de ir.

DON JUAN   Mira que es
                 con mi hermano la pendencia.°   quarrel

DOÑA BEATRIZ   ¡Ay de mí, triste!

DON JUAN   A tu lado
                 estoy.

DON LUIS   Don Juan, tente,° espera,   stop
185   que más que a darme valor,
                 a hacerme cobarde° llegas.   coward
                 Caballero forastero,
                 quien no excusó la pendencia
                 solo, estando acompañado
190   bien se ve, que no la deja
                 de cobarde. Idos con Dios,
                 que no sabe mi nobleza
                 reñir mal, y más con quien
                 tanto brío° y valor muestra.   exuberance
195   Idos con Dios.

DON MANUEL   Yo os estimo
                 esa bizarría° y gentileza;   valor
                 pero si de mí por dicha
                 algún escrúpulo° os queda,   doubt
                 me hallaréis donde quisiereis.

DON LUIS   Norabuena.   farewell (= **enhorabuena**)

200 DON MANUEL   Norabuena.

DON JUAN   ¡Qué es lo que miro y escucho!

    ¡Don Manuel!

DON MANUEL   ¡Don Juan!

DON JUAN   Suspensa°   in shock
el alma no determina
qué hacer, cuando considera
205   un hermano y un amigo
(que es lo mismo) en diferencia
tal, y hasta saber la causa
dudaré.

DON LUIS   La causa es esta:
volver por ese crïado
210   este caballero intenta,
que 'necio me ocasionó°   he imprudently made m[
a hablarle mal. Todo cesa
con esto.

DON JUAN   Pues siendo así,
cortés me darás licencia°   permission
215   para que llegue a abrazarle.
El noble huésped que espera
nuestra casa, es el señor
don Manuel. Hermano, llega,
que dos que han reñido iguales°   i.e., in rank (two nobles)[
220   desde aquel instante quedan
más amigos, pues ya hicieron
de su valor experiencia.
Dadnos los brazos.

DON MANUEL   Primero
que a vós os los dé, me lleva
225   el valor que he visto en él,
a que al servicio me ofrezca
del señor don Luis.

DON LUIS   Yo soy
vuestro amigo, y ya me pesa
de no haberos conocido

230   pues vuestro valor pudiera
           haberme informado.

DON MANUEL   El vuestro
           'escarmentado me deja,°   with my lesson learned
           pues me deja en esta mano
           una herida.

DON LUIS   ¡Más quisiera
235   tenerla mil veces yo!

COSME   ¡Qué cortesana pendencia!

DON JUAN   ¿Herida? Venid a curaros.
           Tú, don Luis, aquí te queda
           hasta que tome su coche°   stage coach
240   doña Beatriz, que me espera,
           y desta descortesía
           me disculparás con ella.
           Venid, señor, a mi casa,
           mejor dijera a la vuestra,
245   donde os curéis.

DON MANUEL   Que no es nada.

DON JUAN   Venid presto.°   quickly

DON MANUEL (*Aparte.*)   ¡Qué tristeza
           me ha dado, que me reciba
           con sangre Madrid!

DON LUIS   (*Aparte.*)   ¡Qué pena
           tengo de no haber podido
250   saber qué dama era aquella!

COSME   (*Aparte.*) Qué bien merecido tiene,
           mi amo, lo que se lleva,
           porque no se meta a ser

don Quijote²⁰ 'de la legua.°   imitator

Vanse los tres, y llega DON LUIS *a* DOÑA
BEATRIZ, que está aparte.

255   DON LUIS   Ya la tormenta pasó.
                       Otra vez, señora, vuelva
                       a restitüir las flores
                       que agora marchita° y seca   wilts
                       de vuestra hermosura el hielo
260   de un desmayo.°   May freeze

      DOÑA BEATRIZ   ¿Dónde queda
                       don Juan?

      DON LUIS   Que le perdonéis
                       os pide, porque le llevan
                       forzosas obligaciones,
                       y el cuidar con diligencia
265   de la salud de un amigo
                       que va herido.

      DOÑA BEATRIZ   ¡Ay de mí! ¡Muerta
                       estoy! ¿Es don Juan?

      DON LUIS   Señora
                       no es don Juan, que no estuviera
                       estando herido mi hermano,
270   yo con tan grande paciencia.°   calmness
                       No os asustéis, que no es justo
                       que sin que él la herida tenga,
                       tengamos entre los dos,
                       yo el dolor, y vós la pena.
275   Digo dolor, el de veros,
                       tan postrada,° tan sujeta   weak
                       a un pesar° imaginado,   sorrow
                       que hiere° con mayor fuerza.   wounds

---

20   Cervantes's Don Quixote was constantly beaten up in battles.

DOÑA BEATRIZ   Señor don Luis, ya sabéis
280   que estimo vuestras finezas,
    supuesto que lo merecen
    por amorosas y vuestras;
    pero no puedo pagarlas,°   *requite them*
    que eso han de hacer las estrellas
285   y no hay de lo que no hacen
    quien las tome residencia.
    Si lo que menos se halla
    es hoy lo que más 'se precia°   *is esteemed*
    en la Corte, agradeced
290   el desengaño, siquiera,
    por ser cosa que se halla
    con dificultad en ella:
    quedad con Dios.

Vase con su criada.

DON LUIS   Id con Dios.
    No hay acción que me suceda
295   bien,[21] Rodrigo: si una dama
    veo airosa° y conocerla   *elegant*
    solicito, me detienen
    un necio y una pendencia,
    que no sé cuál es peor;
300   si riño y mi hermano llega,
    es mi enemigo su amigo;
    si por disculpa me deja
    de una dama, es una dama
    que mil pesares me cuesta.
305   De suerte, que una tapada
    'me huye,° un necio me atormenta,   *runs from me*
    un forastero me mata[22]
    y un hermano me le lleva
    a ser mi huésped a casa,
310   y otra dama me desprecia.
    ¡De mala anda mi fortuna!

---

21 **No hay...** *nothing is turning out right for me*
22 **me mata** *makes importune demands of me*

RODRIGO   ¿Que de todas esas penas
             que sé la que sientes más?

DON LUIS   No sabes.

RODRIGO   ¿Que la que llegas
             a sentir más son los celos
             de tu hermano y Beatriz bella?

DON LUIS   Engáñaste.

RODRIGO   Pues, ¿cuál es?

DON LUIS   Si tengo de hablar de veras
             (de ti solo me fiara)
             lo que más siento es que sea
             mi hermano tan poco atento,°   restrained
             que llevar a casa quiera
             un hombre mozo,° teniendo,   young
             Rodrigo, una hermana en ella,°   = la casa
             'viuda y moza° y como sabes,   widow and young
             tan de secreto, que apenas
             sabe el sol que vive en casa,
             porque Beatriz por ser deuda°   a relative of the family
             solamente la visita.

RODRIGO   Ya sé que 'su esposo° era   = Doña Ángela's
             administrador en puertos
             de mar de unas reales rentas,
             y quedó debiendo al rey
             grande cantidad de hacienda;²³
             y ella a la Corte se vino
             de secreto, donde intenta
             escondida y retirada
             componer mejor sus deudas;

---

23   That the administrators handling the Royal Treasury were often corrupt was a commonplace at the time, as seen in the refrain, **Administradorcillos, comer en plata y morir en grillos** *manacles* (Antonucci 17).

y esto disculpa a tu hermano,
340   pues si mejor consideras
que su estado° no le da   = widowhood
ni permisión, ni licencia
de que nadie la visite,
y que aunque su huésped sea
345   don Manuel, no ha de saber,
que en casa, señor, se encierra
tal mujer: ¿qué inconveniente
hay en admitirle en ella?
Y más habiendo tenido
350   tal recato° y advertencia,   caution
que para su cuarto ha dado
por otra calle la puerta,
y la que salía a la casa,
por 'desmentir la sospecha°   dispel the suspicion
355   de que el cuidado la había
cerrado, o porque pudiera
con facilidad abrirse
otra vez, fabricó en ella
una alacena de vidrios[24]
360   labrada de tal manera,
que parece que jamás
en tal parte ha habido puerta.

Don Luis   ¿Ves con lo que me aseguras?[25]
Pues con eso mismo intentas
365   darme muerte, pues ya dices
que no ha puesto por defensa
de su honor más que unos vidrios,
que al primer golpe se quiebran.

Vanse y salen Doña Ángela *y* Isabel.

Doña Ángela   Vuélveme a dar Isabel
370   esas tocas.° ¡'Pena esquiva!°   veil, cruel sentence

---

24 This is the first allusion to the hutch that will function as a secret door that leads from Don Manuel's suite to the interior of the house, and thus to Doña Ángela's chambers.

25 ¿**Ves con...** *that's supposed to make me feel better?*

Vuelve a amortajarme viva,²⁶
ya que mi suerte° crüel   fate
lo quiere así.

ISABEL   Toma presto,
porque si tu hermano viene,
375 y alguna sospecha tiene
no la confirme con esto,
de hallarte desta manera,
que hoy en palacio te vio.

DOÑA ÁNGELA   ¡'Válgame el cielo!° Que yo   help me Lord
380 entre dos paredes muera,
donde apenas el sol sabe
quién soy, pues la pena mía
en el término del día
ni se contiene, ni cabe;
385 donde inconstante la luna,
que aprende influjos° de mí,   fluctuations
no puede decir: "Ya vi
que lloraba su fortuna";
donde en efeto encerrada,
390 sin libertad he vivido,
porque enviudé de un marido,
con dos hermanos casada;
y luego delito sea
sin que toque en liviandad,°   moral looseness
395 depuesta° la autoridad,   without
ir donde tapada vea
un teatro en quien la fama,
para su aplauso inmortal,
con acentos de metal
400 a voces de bronce llama.²⁷
¡Suerte injusta! ¡'Dura estrella!°   cruel fate

ISABEL   Señora, no tiene duda,

26 A **mortaja** is a shroud in which the dead are buried.
27 Doña Ángela refers to the festivities going on at court to celebrate the birth of Felipe IV's son, Baltasar Carlos.

	de que mirándote viuda,	
	tan moza, bizarra° y bella,	elegant
405	tus hermanos cuidadosos	
	'te celen,° porque este estado°	keep an eye on you,
	es el más ocasionado	widowhood
	a delitos amorosos;²⁸	
	y más en la Corte hoy,	
410	donde se han dado en usar	
	unas viuditas de azahar,²⁹	
	que al cielo mil gracias doy	
	cuando en las calles las veo	
	tan honestas, tan fruncidas,°	deceitful
415	tan beatas y aturdidas,°	without conviction
	y en quedándose en manteo³⁰	
	es el mirarlas contento,	
	pues sin toca y devoción,	
	saltan más a cualquier son,³¹	
420	que una pelota de viento;	
	y este discurso doblado°	interrupted
	para otro tiempo, señora,	
	¿cómo no habemos agora	
	en el forastero° hablado,	= Don Manuel
425	a quien tu honor encargaste,	
	y tu galán hoy hiciste?³²	

DOÑA ÁNGELA   Parece que me leíste
el alma en eso que hablaste.
Cuidadosa me ha tenido,
430   no por él, sino por mí,

---

28   It was a commonplace at the time to suspect young, beautiful
widows of libidinous behavior.

29   Isabel is making a play on words between **azahar** (*perfume*) and
azar (*chance*).

30   **Manteo** refers to a kind of womn's long underwear.

31   This refers to the cliché of the widow's whimsical, i.e., libertine,
nature.

32   Isabel refers to how Doña Ángela begged Don Manuel for help
like a damsel in distress. This act, compulsory at first, sets the stage for the
role that Doña Ángela will methodically act out in order to entice Don
Manuel to play her game.

porque después cuando oí
de 'las cuchilladas ruido,°   clashing of swords
me puse, mas son quimeras,°   illusions
Isabel a imaginar,
435   que él había de tomar
mi disgusto° tan de veras,   problem
que había de sacar la espada
en mi defensa. Yo fui
necia en empeñarle° así;   obligating him
440   mas una mujer turbada,°   upset
¿qué mira o qué considera?

ISABEL   Yo no sé si lo estorbó,
mas sé, que no nos siguió
tu hermano más.

DOÑA ÁNGELA   Oye, espera.

Sale DON LUIS.

445   DON LUIS   ¡Ángela!

DOÑA ÁNGELA   Hermano y señor,
turbado y confuso vienes.
¿Qué ha sucedido?, ¿qué tienes?

DON LUIS   Harto tengo, tengo honor.

DOÑA ÁNGELA   (*Aparte.*) ¡Ay de mí! Sin duda es,
450   que don Luis me conoció.°   recognized

DON LUIS   Y así siento mucho yo,
que 'se estime poco.°   = **honor**

DOÑA ÁNGELA   Pues,
¿has tenido algún disgusto?

DON LUIS   Lo peor es, cuando vengo
455   a verte, el disgusto tengo
que tuve, Ángela.

ISABEL	(*Aparte.*) ¿Otro susto?
DOÑA ÁNGELA	Pues yo, ¿en qué te puedo dar, hermano, disgusto? Advierte.
DON LUIS	Tú eres la causa, y el verte.

460 DOÑA ÁNGELA (*Aparte.*) ¡Ay de mí!

DON LUIS   ... Ángela, estimar
tan poco de nuestro hermano...

DOÑA ÁNGELA (*Aparte.*) Eso sí.

DON LUIS   ... pues cuando vienes
con los disgustos que tienes,
cuidados te dé. No en vano
465 el enojo que tenía
con el huésped me pagó,
pues sin conocerle yo,
hoy le he herido en profecía.[33]

DOÑA ÁNGELA ¿Pues cómo fue?

DON LUIS   Entré en la plaza
470 de palacio, hermana, a pie
hasta el palenque,° porque   *a fence of stakes*
toda la desembaraza°   *the many*
de coches y caballeros
la guarda; a un corro° me fui   *circle*
475 de amigos, adonde vi,
que alegres y lisonjeros°   *entertained*
los tenía una tapada,°   *veiled woman*
a quien todos celebraron
lo que dijo, y alabaron°   *praised*

---

33 As Don Luis suspects that Don Manuel is a possible threat to Ángela's honor, he believes his act of wounding him when they first met was an omen of what is to come.

480 de 'entendida y sazonada.°   *entertaining and witt*

Desde el punto que llegué
otra palabra no habló,
tanto, que a alguno obligó
a preguntarla por qué,

485 porque yo llegaba, había
con tanto extremo callado.
Todo me puso en cuidado;
miré si la conocía
y no pude, porque ella

490 se puso más en taparse,
en esconderse y guardarse.
Viendo que no pude vella,°   = **verla**
seguilla° determiné.   = **seguirla**
Ella siempre atrás volvía,[34]

495 a ver si yo la seguía,
cuyo gran cuidado fue
espuela° de mi cuidado.   *spur*
Yendo desta suerte pues,
llegó un hidalgo, que es

500 de nuestro huésped crïado,
a decir que le leyese
una carta; respondí
que iba de priesa,° y creí   = **prisa**
que detenerme quisiese

505 con este intento, porque
la mujer le habló al pasar;
y tanto dio en porfiar,°   *insistir*
que le dije no se qué.
Llegó en aquella ocasión

510 en defensa del crïado
nuestro huésped, muy soldado;
sacamos, en conclusión,
las espadas. Todo es esto,
pero más pudiera ser.

515 DOÑA ÁNGELA   ¡Miren la mala mujer
en qué ocasión te había puesto!

---

34 **Atrás volvía...** *looked over her shoulder*

¡Que hay mujeres tramoyeras!°   conniving
Pondré° que no conocía   I'll bet
quién eras, y que lo hacía
520   solo porque la siguieras.
Por eso estoy harta yo
de decir, si bien te acuerdas,
que mires, que no te pierdas
por mujercillas° que no   women of ill repute
525   saben más que aventurar°   put at risk
los hombres.

DON LUIS   ¿En qué has pasado
la tarde?[35]

DOÑA ÁNGELA   En casa me he estado
entretenida en llorar.

DON LUIS   ¿Hate° nuestro hermano visto?   = te ha

530   DOÑA ÁNGELA   Desde esta mañana no
ha entrado aquí.

DON LUIS   ¡Qué mal yo
estos descuidos resisto![36]

DOÑA ÁNGELA   Pues deja los sentimientos,
que al fin sufrirle es mejor,
que es nuestro hermano mayor,
535   y comemos de alimentos.[37]

DON LUIS   Si tú estás tan consolada,
yo también; que yo por ti
lo sentía, y porque así
540   veas no dárseme nada,
a verle voy, y aun con él
haré una galantería.°   courteous gesture

---

35   **En qué...** *what have you been doing this afternoon?*
36   **¡Qué mal...** *I can't stand such carelessness*
37   Being the eldest brother, Don Juan's duty is to take care of his younger siblings.

Vase.

ISABEL

¿Qué dirás, señora mía,
después del susto° crüel,   fright
de lo que en casa nos pasa?
Pues el que hoy ha defendido
tu vida, huésped y herido,
le tienes dentro de casa.

DOÑA ÁNGELA

Yo, Isabel, lo sospeché
cuando de mi hermano oí
la pendencia, y cuando vi,
que el herido el huésped fue.
Pero aún bien no lo he creído,
porque cosa extraña fuera
que un hombre a Madrid viniera,
y hallase, recién venido,
una dama que rogase°   begged
que su vida defendiese;
un hermano que le hiriese,
y otro que 'le aposentase.°   lodged him
Fuera notable suceso,³⁸
y aunque todo puede ser,
no lo tengo de creer
sin vello.°   = **verlo**

ISABEL

                   Y si para eso
'te dispones,° yo bien sé   you intend to do
por dónde verle podrás,
y aun más que velle.°   = **verle**

DOÑA ÁNGELA

                         Tú estás
loca. ¿Cómo, si se ve
de mi cuarto tan distante
el suyo?³⁹

---

38 **Fuera notable...** *It would be such a strange series of coincidences.*
39 Indication that the rooms of Doña Ángela and Don Manuel are
far apart.

ISABEL   Parte hay por donde
este cuarto corresponde°   connects
al otro. Esto no te espante.°   surprise

DOÑA ÁNGELA   No porque verlo deseo,
sino solo por saber,
575   dime, ¿cómo puede ser?,
que lo escucho y no lo creo.

ISABEL   ¿No has oído que labró°   built
en la puerta una alacena
tu hermano?

DOÑA ÁNGELA   Ya lo que ordena°   planning
580   tu ingenio° he entendido yo: ingenuity
dirás que, pues es de tabla,°   plank of wood
algún agujero° hagamos   hole
por donde al huésped veamos.

ISABEL   Más que eso mi ingenio entabla.°   setting up

585 DOÑA ÁNGELA   Di.

ISABEL   Por cerrar y encubrir°   cover up
la puerta que se tenía,
y que a este jardín salía,⁴⁰
y poder volverla a abrir,
hizo tu hermano poner
590   portátil° una alacena;   portable
esta, aunque de vidrios llena,
se puede muy bien mover.
Yo lo sé bien porque cuando
la alacena aderecé°   cleaned
595   la escalera la arrimé,°   pulled up to it

---

40   As the old door (now the hutch) in Don Manuel's room leads out
to a garden, which Antonucci conjectures is the interior patio of the house
(27), we know that his suite is on the main floor of the property. Stage
directions later in the play indicate that Doña Ángela's room is above the
main floor and overlooks this open space.

y ella se fue desclavando[41]
poco a poco, de manera,
que todo junto cayó
y 'dimos en tierra° yo,   fell to the ground
600   alacena y escalera,
'de suerte,° que en falso agora   in such a way
la tal alacena está,
y apartándose podrá
cualquiera pasar, señora.

605 DOÑA ÁNGELA   Esto no es determinar,
sino prevenir primero.
'Ves aquí,° Isabel, que quiero   suppose
a esotro cuarto pasar;
he quitado la alacena;
610   'por allá,° ¿no se podrá   on the other side
quitar también?

ISABEL   Claro está,
y para hacerla más buena,
en falso se han de poner
dos clavos,° para advertir,   nails (tool)
615   que solo la sepa abrir
el que lo llega a saber.

DOÑA ÁNGELA   Al crïado que viniere
por luz y por ropa, di
que vuelva a avisarte a ti,
620   si acaso el huésped saliere
de casa, que según creo,
no le obligará la herida
a 'hacer cama.°   stay in bed

ISABEL   Y, por tu vida,
¿irás?

DOÑA ÁNGELA   Un necio deseo
625   tengo de saber si es él

---

41 **Desenclavado** *came loose from the nails*

el que mi vida guardó,°   saved
porque si le cuesto yo
sangre y cuidado, Isabel,
es bien mirar por su herida,
630   si es que segura de miedo
de ser conocida, puedo
ser con él agradecida.
Vamos, que tengo de ver
la alacena, y si pasar
635   puedo al cuarto, he de cuidar,
sin que él lo llegue a entender,°   find out
desde aquí de su regalo.

ISABEL   Notable cuento° será,   news
mas, ¿si lo cuenta?

DOÑA ÁNGELA   No hará;
640   que hombre que su esfuerzo igualó
a su gala y discreción,
puesto que de todo ha hecho
noble experiencia en mi pecho
en la primera ocasión,
645   de valiente, en 'lo restado,°   his boldness
de galán, en 'lo lucido,°   so chivalrous
en el modo de entendido,
no me ha de causar cuidado,
que diga suceso igual;
650   que fuera notable mengua°   discredit
que echara una 'mala lengua°   gossip
tan buenas partes a mal.

Vanse. Salen DON JUAN, DON MANUEL *y
un criado con luz.*

DON JUAN   ¡Acostaos 'por vida mía!°   please

DON MANUEL   Es tan poca la herida,
655   que antes don Juan sospecho,
que parece melindre° el haber hecho   silly
caso ninguno della.

DON JUAN   Harta ventura ha sido de mi estrella,
                que no me consolara
660   jamás, si este contento me costara
                el pesar de teneros
                en mi casa indispuesto, y el de veros
                herido por la mano
                (si bien no ha sido culpa) de mi hermano.

665 DON MANUEL   Él es buen caballero,
                y me tiene envidioso de su acero,°   = sword
                de su estilo admirado,
                y he de ser muy su amigo y su crïado.

                Sale DON LUIS *y un crïado con un* 'azafa-
                te cubierto,° *y en él un* 'aderezo de espada.°   covered basket, sheath
                                                            sword

     DON LUIS   Yo, señor, lo° soy vuestro,   = criado
670   como en la pena que recibo muestro,
                ofreciéndoos mi vida;
                y porque el instrumento de la herida
                en mi poder° no quede,   power
                pues ya agradarme ni servirme puede,
675   bien como aquel crïado
                que a su señor algún disgusto ha dado,
                hoy de mí 'le despido;°   say goodbye to
                esta es, señor, la espada que os ha herido;
                a vuestras plantas° viene   feet
680   a pediros perdón, si culpa tiene;
                tome vuestra querella°   complaint
                con ella en mí venganza, de mí y della.

     DON MANUEL   Sois valiente y discreto.
                En todo me vencéis. La espada aceto,
685   porque siempre a mi lado
                me enseñe a ser valiente. Confiado
                desde hoy vivir procuro,°   I will be sure
                porque, ¿de quién no vivirá seguro
                quien vuestro 'acero ciñe° generoso?   girds the sword
690   que él solo me tuviera temeroso.

DON JUAN	Pues don Luis me ha enseñado
	a lo que estoy por huésped obligado,
	otro regalo quiero
	que recibáis de mí.

DON MANUEL   ¡Qué tarde espero

695   pagar tantos favores!

Los dos os competís en darme honores.

Sale COSME *cargado de maletas y cojines.*

COSME	Docientos mil demonios	
	de su furia infernal den testimonios,	
	volviéndose inclementes	
700	docientas mil serpientes,	
	que asiéndome° de un vuelo,	seizing me
	den conmigo de patas° en el cielo,	feet
	del mandato oprimidos	
	de Dios, por justos juicios compelidos;°	enforced
705	si vivir no quisiera sin injurias,	
	en Galicia o Asturias,⁴²	
	antes que en esta Corte.	

DON MANUEL	Reporta.°	control yourself

COSME   El reportorio se reporte.⁴³

DON JUAN   ¿Qué dices?

COSME   Lo que digo:

710   que es traidor quien da paso a su enemigo.

---

42   Galicia and Asturias were underdeveloped regions during the seventeenth century in the Northwest part of Spain whose people were known for their superstitious folklore.

43   The **gracioso** of the **comedia nueva** typically has tantrums about silly difficulties that burden him. Cosme states that his actions are blameless and that he is merely playing the comic role that the audience expects of him; it is the play (i.e., *La dama duende*), on the other hand, he says that needs to control itself.

Don Luis	¿Qué enemigo? Detente.	
Cosme	El agua de una fuente y otra fuente.	
Don Manuel	¿De aqueso te inquietas?°	you're upset

Cosme
715 Venía de cojines y maletas
por la calle cargado,
y en una zanja° de una fuente 'he dado,° — ditch, I ran into
y así lo traigo todo,
como dice el refrán, puesto de lodo.° — mud
¿Quién esto° en casa mete? — = the dirty luggage

720 Don Manuel Vete de aquí, que estás borracho. Vete.

Cosme Si borracho estuviera,
menos mi enojo con el agua fuera.
Cuando en un libro⁴⁴ leo de mil fuentes,
que vuelven varias cosas sus corrientes,
725 'no me espanto,° si aquí ver determino, — I'm not amazed
que nace el agua a convertirse en vino.⁴⁵

Don Manuel Si él empieza, en un año
no acabará.

Don Juan Él tiene humor° extraño. — manner

Don Luis Solo de ti querría
730 saber, si sabes leer (como este día
en el libro citado
muestras), ¿por qué pediste tan pesado,
que una carta te leyese? ¿Qué te apartas?

Cosme Porque sé leer en libros y no en cartas.⁴⁶

---

44 Reference to Ovid's *Metamorphosis* (Pérez Magallón 144).

45 One of the common attributes of the **gracioso** in Spanish Golden-Age theater is that he prefers wine to water and is often drunk.

46 Cosme slyly escapes Don Luis's trap by noting the greater difficulty in reading hand-written letters, as opposed to books in print.

735	DON LUIS	Está bien respondido.

DON MANUEL
'Que no hagáis caso dél° por Dios os pido.   ignore him
Ya le iréis conociendo,
y sabréis que es burlón.°   joker

COSME   Hacer pretendo
de mis burlas alarde.[47]
740   Para alguna os convido.°   I invite

DON MANUEL   Pues no es tarde,
porque me importa, hoy quiero
hacer una visita.

DON JUAN   Yo os espero
para cenar.

DON MANUEL   Tú, Cosme, esas maletas
mojadas desa suerte no las metas;
745   abre y saca la ropa.

COSME   Enfado es harto.

DON JUAN
Si quisieres cerrar,° esta es del cuarto   lock
la llave. Que aunque tengo
'llave maestra,° por si acaso vengo   master key
tarde, más que las dos otra no tiene;
750   ni otra puerta tampoco.[48] Así conviene;
y en el cuarto la deja, y cada día
vendrán a aderezarle.°   tidy up the room

Vanse y queda COSME.

COSME   Hacienda° mía,   booty
ven acá que yo quiero
visitarte primero,

---

47   **Hacer pretendo (Pretendo hacer alarde de mis burlas)...** *I plan to show off my jokes*

48   This is false, given that the hutch in Don Manuel's suite serves as a door.

755 porque ver determino
     cuánto habemos sisado° en el camino;   stolen
     que como en las posadas
     no se hilan las cuentas tan delgadas⁴⁹
     como en casa, que vive en sus porfías°   struggles
760 la cuenta y la razón por lacerías,°   insignificant details
     hay mayor aparejo° del provecho,   bond
     para meter la mano, no en mi pecho,⁵⁰
     sino en la bolsa ajena.

     Abre una maleta y saca un bolsón.°   bag

     'Topé la propia,° buena está, y rebuena,   I've found mine (bag)
765 pues 'aquesta jornada°   this day
     subió doncella y se apeó preñada.⁵¹
     Contallo quiero, es tiempo perdido,
     porque yo, ¿qué borregos° he vendido   sheep
     a mi señor, para que mire y vea
770 si está cabal?° Lo que ello fuere sea.⁵²   exact
     Su maleta es aquesta;
     ropa quiero sacar, por si se acuesta
     tan presto; que él mandó que hiciese esto.
     Mas porque él lo mandó, ¿se ha de hacer presto?
775 Por haberlo él mandado
     antes no lo he de hacer, que soy crïado.⁵³
     Salirme un rato es justo
     a rezar a una ermita.°⁵⁴ ¿Tendrás gusto   chapel (i.e., tavern)
     desto Cosme? Tendré. Pues Cosme, vamos,
780 que antes son nuestros gustos, que los amos.

---

49 **No se...** *don't keep an eye on such small things*
50 **Meter la...** *it's better to put my hand, not on my heart, but in someone else's bag*
51 **Subió doncella...** *it (the bag) began as a virgin and ended up pregnant (i.e., full of money)*
52 **Lo que...** *may it be whatever it may be*
53 Like Cosme's drunkenness, stealing is another example of the immoral behavior of many **graciosos** in Spanish Golden-Age theater.
54 That Cosme refers to the tavern as a sacred place shows the heretical language common to **graciosos**.

Vase.

Por una alacena, que estará hecha con anaqueles y vidrios en ella, quitándose con goznes, como que se desencaja, salen Doña Ángela y Isabel.[55]

ISABEL	Que está el cuarto solo,° dijo	empty
	Rodrigo, porque el tal huésped	
	y tus hermanos se fueron.	

DOÑA ÁNGELA   Por esto 'pude atreverme°   be brave enough
785   a hacer solo esta experiencia.

ISABEL   ¿Ves que no hay inconveniente
          para pasar hasta aquí?

DOÑA ÁNGELA   Antes, Isabel, parece,
               que todo cuanto previne
790   fueron muy impertinentes,
               pues con ninguno topamos,[56]
               que la puerta fácilmente
               se abre y se vuelve a cerrar,
               sin ser posible que se eche
795   de ver.

ISABEL   ¿Y a qué hemos venido?

DOÑA ÁNGELA   A volvernos solamente,
               que para hacer sola una
               travesura° dos mujeres,   something risky
               basta haberla imaginado;
800   porque al fin esto no tiene
               más fundamento,° que haber   basis
               hablado en ello dos veces,
               y estar yo determinada,

---

55   Doña Ángela and Isabel pass through the hutch, which contains glassware (**vidrios**) on shelves (**anaqueles**), by removing it from its hinges (**goznes**).

56   **Con ninguno...** *we did not run into any problems*

805
siendo verdad que es aqueste
caballero el que por mí
se empeñó osado° y valiente,   daringly
como te he dicho, a mirar
por su regalo.

ISABEL   Aquí tiene
el que le trujo tu hermano,
810
y una espada en un bufete.°   portable table

DOÑA ÁNGELA   Ven acá. ¿Mi escribanía°   wrting box
trujeron aquí?

ISABEL   Dio en ese
desvarío° mi señor;   crazy idea
dijo que aquí la pusiese
815
con 'recado de escribir°   writing materials
y mil libros diferentes.

DOÑA ÁNGELA   En el suelo hay dos maletas.

ISABEL   Y abiertas. Señora, ¿quieres
que veamos qué hay en ellas?

820
DOÑA ÁNGELA   Sí, que quiero neciamente
mirar qué ropa y alhajas°   jewelry
trae.

ISABEL   Soldado y pretendiente,°   applicant
vendrá muy mal alhajado.

Sacan todo cuanto van diciendo y todo lo
esparcen° por la sala.   spread out

DOÑA ÁNGELA   ¿Qué es eso?

ISABEL   Muchos papeles.

825
DOÑA ÁNGELA   ¿Son de mujer?

ISABEL No señora,
sino procesos° que vienen   service papers
cosidos° y pesan mucho.   bundled

DOÑA ÁNGELA Pues si fueran de mujeres
ellos fueran 'más livianos.°   lighter
830 Mal en eso te detienes.

ISABEL ¿Ropa blanca hay aquí alguna?

DOÑA ÁNGELA ¿Huele?°   Does it smell?

ISABEL Sí, a limpia huele.

Doña ÁNGELA Ese es el mejor perfume.

ISABEL Las tres calidades tiene,
835 de blanca, blanda y delgada;
mas, señora, ¿qué es aqueste
pellejo° con unos hierros   leather tool bag
de herramientas diferentes?

DOÑA ÁNGELA Muestra a ver. Hasta aquí cosa
840 de sacamuelas° parece;   dentist
mas estas son tenacillas°   tweezers
y el 'alzador del copete°   curling iron
y los bigotes estotras.

ISABEL Item° escobilla° y peine.   furthermore, hairbrush
845 Oye, que más prevenido,
no le faltará al tal huésped
la horma[57] de su zapato.

DOÑA ÁNGELA ¿Por qué?

---

57 Pérez Magallón notes a play on words here as Isabel discovers Don Manuel's **horma** (a shoetree) and the expression **hallar la horma de su zapato**, which can either mean **haber encontrado alguno con aquello que deseaba y es de su genio** or **dar uno con alguien que pueda competir con él, entendiéndole sus mañas**. Both meanings are applicable to the situation in the play (153).

ISABEL   Porque aquí la tiene.

DOÑA ÁNGELA   ¿Hay más?

ISABEL   Sí señora. Item,
850   como a forma de billetes,°   letters
             legajo° segundo.   bundle

DOÑA ÁNGELA   Muestra.
             De mujer son y contienen
             más que papel; un retrato°   portrait
             está aquí.

ISABEL   ¿Qué te suspende?°   strikes you

855   DOÑA ÁNGELA   El verle; que una hermosura
             si está pintada divierte.

ISABEL   Parece que 'te ha pesado°   you're saddened
             de sacalle.°   = sacarle (the portrait)

DOÑA ÁNGELA   ¡Qué necia eres!
             No mires más.

ISABEL   ¿Y qué intentas?

860   DOÑA ÁNGELA   Dejarle escrito un billete.
             Toma el retrato.

             Pónese a escribir.

ISABEL   Entretanto°   meanwhile
             la maleta del sirviente
             he de ver. Esto es dinero;
             cuartazos° son insolentes,   coins
865   que en la república donde
             son los príncipes y reyes
             los doblones° y los reales,°   gold coin, silver coin
             ellos son la común plebe.°   folk

870	Una burla° le he de hacer,	prank
	y ha de ser de aquesta suerte:	
	quitarle de aquí el dinero	
	al tal lacayo° y ponerle	lackey
	unos carbones.° Dirán:	coal
875	"¿Dónde demonios lo tiene	
	esta mujer?" no advirtiendo	
	que esto sucedió en noviembre	
	y que hay brasero en el cuarto.⁵⁸	

DOÑA ÁNGELA Ya escribí. ¿Qué te parece
adónde deje el papel,
880 porque si mi hermano viene
no le vea?

ISABEL Allí debajo
de la toalla° que tienen *bedspread*
las almohadas, que al quitarla
se verá forzosamente,
885 y no es parte que hasta entonces
se ha de andar.

DOÑA ÁNGELA Muy bien adviertes.
Ponle allí y ve° recogiendo *go*
todo esto.

ISABEL Mira que tuercen° *turn*
la llave ya.

DOÑA ÁNGELA Pues dejallo° *= dejarlo*
890 todo, esté como estuviere,
y a escondernos. Isabel,
ven.

ISABEL Alacena *me fecit.*° *saved me*

---

58 Valbuena Briones notes that this reference reveals that the play takes place during the Day of the Deceased (November 2) when it was customary to leave coal heating stoves (**braseros**) and candles lit in the home to guide the way of the spirits of family members which were believed to be able to visit on this day (82).

*Vanse por el alacena y queda como estaba;
sale COSME.*

COSME Ya que me he servido a mí,[59]
de barato° quiero hacerle   put up for auction
895 a mi amo otro servicio...
Mas, ¿quién nuestra hacienda vende,
que así 'hace almoneda° della?   put up for auction
¡Vive Cristo, que parece
plazuela de la Cebada[61]
900 su sala con nuestros bienes!
¿Quién está aquí? No está nadie,
por Dios; y si está, no quiere
responder; no me respondas,
que 'me huelgo° de que eche   me alegro
905 de ver, que soy enemigo
de respondones. Con este
humor, sea bueno o sea malo
(si he de hablar discretamente)
estoy temblando de miedo;
910 pero como a mí me deje
'el revoltoso de alhajas,°   = el duende
libre mi dinero, llegue
y revuelva las maletas,
una y cuatrocientas veces.
915 Mas, ¿qué veo? Vive Dios
que en carbones lo convierte.
Duendecillo, duendecillo,
quien quiera que fuiste y eres,
el dinero que tú das
920 en lo que mandares vuelve,
mas, lo que yo hurto,° ¿por qué?   steal

*Salen DON JUAN, DON LUIS y DON
MANUEL.*

---

59 Cosme refers to having a drink in the tavern.
60 This is a favor that Cosme will do for Don Manuel out of his own
volition without having to be told to do so (Antonucci 42).
61 This is an open-air market in Madrid.

DON JUAN ¿De qué das voces?[62]

DON LUIS ¿Qué tienes?

DON MANUEL ¿Qué te ha sucedido? Habla.

COSME ¡Lindo desenfado es ese!°   very funny!
925   Si tienes por inquilino,°   tenant
         señor, en tu casa un duende.
         ¿Para qué nos recibiste
         en ella? Un instante breve
         que falté de aquí, la ropa
930   de tal modo y de tal suerte
         hallé, que, toda esparcida,
         una almoneda parece.

DON JUAN ¿Falta algo?

COSME No falta nada.
         El dinero solamente
935   que en esta bolsa tenía,
         que era mío, me convierte
         en carbones.

DON LUIS Sí, ya entiendo.[63]

DON MANUEL ¡Qué necia burla previenes!°   you've come up with
            ¡Qué fría y 'qué sin donaire!°   how unhumorous

940 DON JUAN ¡Qué mala y qué impertinente!

COSME ¡No es burla esta, vive Dios!

DON MANUEL Calla, que 'estás como sueles.°   you're drunk as usual

---

62 **¿De qué…** *what are you shouting about?*
63 Don Luis says this with sarcasm, as he does not believe Cosme's explanation.

	COSME	Es verdad, mas suelo estar	
		'en mi juicio° algunas veces.	sane

945	DON JUAN	Quedaos con Dios y acostaos,	
		don Manuel, sin que os desvele°	appears
		el duende de la posada,	
		y aconsejalde° que intente	= aconsejadle
		otras burlas, al crïado.	

Vase.

950	DON LUIS	No en vano sois tan valiente
		como sois, si habéis de andar
		desnuda la espada siempre,
		saliendo de los disgustos
		en que este loco os pusiere.

Vase.

955	DON MANUEL	¿Ves cuál me tratan por ti?	
		Todos por loco me tienen	
		porque te sufro. A cualquiera	
		parte que voy, me suceden	
		mil desaires° por tu causa.	trouble

960	COSME	Ya estás solo y no he de hacerte	
		burla 'mano a mano° yo,	now that we are alone
		porque solo en tercio puede	
		tirarse uno con su padre;[64]	
		dos mil demonios me lleven	
965		si no es verdad que salí,	
		y esto,° fuese quien se fuese,[65]	= el duende
		hizo este estrago.°	mess

	DON MANUEL	¿Con eso
		ahora disculparte quieres

---

64 **En tercio...** *a servant* (**uno**) *can only play tricks on his master* (**pa-dre**) *when others* (**en tercio**) *are around* (Antonucci 45)

65 **Fuese quien...** *whoever it may be*

	de la necedad? Recoge	
970	esto que 'esparcido tienes°	= has esparcido
	y 'entra a° acostarme.	help me

COSME   Señor,
en una galera° reme.°   galley, row

DON MANUEL   ¡Calla, calla, o vive Dios,
que la cabeza te quiebre!

975   COSME   Pesarame° con extremo,   = me pesará
que lo tal me sucediese.
Ahora bien, va de envasar°   put away
otra vez los adherentes°   my stuff
de mis maletas. ¡Oh cielos,
980   quién la trompeta tuviese
del juicio[66] de las alhajas,
porque a una voz solamente
viniesen todas!

DON MANUEL   Alumbra,°   bring me light
Cosme.

COSME   Pues, ¿qué te sucede,
985   señor? ¿Has hallado acaso
allá dentro alguna gente?

DON MANUEL   Descubrí la cama, Cosme,
para acostarme, y halleme
debajo de la toalla
990   de la cama este billete
cerrado, y ya el sobre° escrito   envelope
me admira más.

COSME   ¿A quién viene?

---

66   Another irreverent joke in which Cosme wishes he had the trumpet with which the seventh angel calls all humanity to the final judgment before God so that he may gather all of his things (Antonucci 46).

DON MANUEL   A mí, mas el modo extraño.

COSME   ¿Cómo dice?

DON MANUEL   Me suspende.

Lee.

995   Nadie me abra, porque soy
              de don Manuel solamente.

COSME   ¡Plega a Dios° que no me creas   by God
              por fuerza! No le abras... ¡tente!
              ... sin conjurarle primero.

1000 DON MANUEL   Cosme, lo que me suspende
              es la novedad, no el miedo;
              que quien admira° no teme.   is amazed

Lee.

Con cuidado me tiene vuestra salud, como a quien fue
la causa de su riesgo; y así agradecida y lastimada, os suplico,
me aviséis della y os sirváis de mí; que para lo uno y lo otro
habrá ocasión, dejando la respuesta donde hallasteis esta,
advertido, que el secreto importa, porque el día que lo sepa
alguno de los amigos, perderé yo el honor y la vida.

COSME   ¡Extraño caso!

DON MANUEL   ¿Qué extraño?

COSME   ¿Eso no te admira?°   that doesn't amaze you

DON MANUEL   No,
1005   antes con esto llegó
              a mi vida el desengaño.°   truth

COSME   ¿Cómo?

DON MANUEL	Bien claro se ve,	
	que aquella dama tapada,	
	que tan ciega y tan turbada	
1010	de don Luis huyendo fue,	
	era su dama; supuesto,	
	Cosme, que no puede ser,	
	si es soltero, su mujer.[67]	
	Y dado por cierto esto,	
1015	¿qué dificultad tendrá,	
	que en la casa de su amante	
	tenga ella mano bastante	
	para entrar?	

COSME	Muy bien está	
	pensado, mas mi temor	
1020	pasa adelante. Confieso	
	que es su dama y el suceso	
	te doy por bueno, señor,	
	pero ella, ¿cómo podía	
	desde la calle saber	
1025	lo que había de suceder,	
	para tener este día	
	ya prevenido el papel?	

DON MANUEL	Después de haberme pasado,	
	pudo dárselo a un crïado.	

1030	COSME	Y aunque se le diera, ¿él
		cómo aquí ha de haberle puesto?
		Porque ninguno aquí entró
		desde que aquí quedé yo.

DON MANUEL	Bien pudo ser antes esto.	

1035	COSME	Sí, mas hallar trabucadas°	rummaged through
		las maletas y la ropa
		y el papel escrito, topa

---

67 This is the second interpretative mistake Don Manuel makes, as the veiled woman (Doña Ángela) is not Don Luis's lady either.

en más.[68]

DON MANUEL   Mira si cerradas
esas ventanas están.

1040   COSME   Y con aldabas° y rejas.°   latches, bars

DON MANUEL   Con mayor duda me dejas,
y mil sospechas me dan.

COSME   ¿De qué?

DON MANUEL   No sabré explicallo.

COSME   En efeto, ¿qué has de hacer?

1045   DON MANUEL   Escribir y responder
pretendo hasta averiguallo,°   find out
con estilo que parezca
que no ha hallado en mi valor,
ni admiración ni temor;
1050   que no dudo que se ofrezca
una ocasión en que demos,
viendo que papeles hay,
con quien los lleva y los tray.°   = trae

COSME   ¿Y de aquesto no daremos
1055   cuenta a los huéspedes?

DON MANUEL   No,
porque no tengo de hacer
mal alguno a una mujer
que así de mí se fió.

COSME   Luego° ya ofendes a quien°   therefore, = Don Luis
1060   su galán piensas.

DON MANUEL   No tal,

---

68 **Topa en...** *there must be another explanation*

pues sin hacerla a ella mal,
puedo yo proceder bien.

COSME   No, señor. Más hay aquí
de lo que a ti te parece.
1065   Con cada discurso crece
mi sospecha.

DON MANUEL   ¿Cómo así?

COSME   Ves aquí que van y vienen
papeles, y que jamás,
aunque lo examines más,
1070   ciertos desengaños tienen.
¿Qué creerás?

DON MANUEL   Que ingenio y arte
hay para entrar y salir,
para cerrar, para abrir,
y que el cuarto tiene parte
1075   por donde, y en duda tal
el juicio podré perder,
pero no, Cosme, creer
cosa sobrenatural.

COSME   ¿No hay duendes?

DON MANUEL   Nadie los vio.

1080 COSME   ¿Familiares?⁶⁹

DON MANUEL   Son quimeras.°   illusions

COSME   ¿Brujas?

DON MANUEL   Menos.

COSME   ¿Hechiceras?

___

69 **Familiares** are **demonios que acompañan o sirven a alguna persona** (Antonucci 50).

Don Manuel	¡Qué error!
Cosme	¿Hay súcubos?[70]
Don Manuel	No.
Cosme	¿Encantadoras?
Don Manuel	Tampoco.
Cosme	¿Mágicos?°
Don Manuel	Es necedad.
Cosme	¿Nigromantes?°
Don Manuel	Liviandad.°
Cosme	¿Energúmenos?°
Don Manuel	¡Qué loco!
Cosme	¡Vive Dios que te cogí! ¿Diablos?
Don Manuel	Sin poder notorio.
Cosme	¿Hay almas de purgatorio?
Don Manuel	¿Que me enamoren a mí? ¿Hay más necia bobería?° Déjame, que estás cansado.°
Cosme	En fin, ¿qué has determinado?
Don Manuel	Asistir de noche y día con cuidados singulares;

magicians
sorcerers
sillyness
possessed people
sillyness
irritating

1085
1090
1095

---

70 A succubus is a type of female demon that seduces men in their dreams.

aquí el desengaño fundo,
no creas que hay en el mundo,
ni duendes ni familiares.

COSME

Pues yo en efeto presumo
que algún demonio los tray;
que esto, y más, habrá donde hay
quien tome tabaco en humo.[71]

Vanse.

71 **En humo...** *where tobacco is smoked*

Jornada II

Salen Doña Ángela, Doña Beatriz y Isabel.

DOÑA BEATRIZ Notables cosas me cuentas.

DOÑA ÁNGELA No te parezcan notables
hasta que sepas el fin.
¿'En qué quedamos?°   *where were we?*

DOÑA BEATRIZ   Quedaste
en que por el alacena
hasta su cuarto pasaste,
que es tan difícil de verse
como fue de abrirse fácil;
que le escribiste un papel,°   *letter*
y que al otro día hallaste
la respuesta.

DOÑA ÁNGELA   Digo, pues,
que tan cortés y galante
estilo no vi jamás,
mezclando entre lo admirable
del suceso lo gracioso,
imitando los 'andantes
caballeros,° a quien° pasan   *knights, = **quienes***
aventuras semejantes.
El papel, Beatriz, es este.
Holgareme° que te agrade.   *espero*

67

Lee DOÑA ÁNGELA.

Fermosa dueña, cualquiera que vós seáis la condolida
deste afanado caballero, y asaz piadosa minoráis sus
cuitas, ruego vós me queráis facer sabidor del follón
mezquino, o pagano malandrín, que en este encanto
vos amancilla, para que segunda vegada en vueso nombre,
sano ya de las pasadas feridas, entre en descomunal batalla,
maguer que finque en ella, que non es la vida de más proo
que la muerte, tenudo a su deber un caballero. El Dador de
la Luz vos mampare, e a mí non olvide.[72]
    El Caballero de la Dama Duende.

DOÑA BEATRIZ   ¡Buen estilo, por mi vida!
    y a propósito el lenguaje
1125   del encanto y la aventura.

DOÑA ÁNGELA   Cuando esperé que con graves
    admiraciones viniera
    el papel, vi semejante
    desenfado,° cuyo estilo   disinhibition
1130   quise llevar adelante,
    y respondiendo así,
    pasé...

ISABEL   Detente, no pases,
    que viene don Juan, tu hermano.

---

72 Note again Don Manuel's use of medieval Spanish and the exaggerated language typical of the chivalric novels. Matthew Stroud translates this passage as the following:

Most beauteous damsel, in whatever way you may have been aggrieve by this, your faithful servant, may you lessen his hardships by your ample piety. Pray make known to me the identity of the evil malefactor or pagan conjurer who imprisons you in this enchantment, such that, now that my earlier wounds have healed, I might present myself as your defender in single and terrible combat, even though I may perish in the pursuit. Life is no better than death, if a knight have not honor. May the giver of light hold you safe and forget me not.
    (http://www.trinity.edu/mstroud/comedia/phantom2.html)

DOÑA ÁNGELA	Vendrá muy firme y amante
1135	a agradecerte la dicha
	de verte, Beatriz, y hablarte
	en su casa.

DOÑA BEATRIZ   'No me pesa,°   I don't mind
si hemos de decir verdades.

Sale DON JUAN.

DON JUAN   No hay mal que por bien no venga,[73]

1140   dicen 'adagios vulgares,°   popular sayings

y en mí se ve, pues que vienen
por mis bienes vuestros males.
He sabido, Beatriz bella,
que un pesar° que vuestro padre   problem

1145   con vós tuvo, a nuestra casa
sin gusto y contento os trae.
Pésame que hayan de ser
lisonjeros° y agradables,   flattering
como para vós mis gustos,

1150   para mí vuestros pesares.
Pues 'es fuerza° que no sienta   it's necessary
desdichas que han sido parte
de veros,[74] porque hoy amor
diversos efetos hace,

1155   en vós de pena, y en mí
de gloria, bien como el áspid,°   snake
de quien, si sale el veneno,°   poison
también la trïaca° sale.   antidote
Vós seáis muy bien venida,

1160   que aunque es corto el hospedaje,
bien se podrá hallar un sol°   = Doña Beatriz
en compañía de un ángel.°   = Doña Ángela

DOÑA BEATRIZ   Pésames y parabienes[75]

---

73 **No hay...** *every cloud has a silver lining*
74 **que han sido...** *that have brought me to you*
75 **Pésames y...** *woes and congratulations*

tan cortésmente mezclasteis,
1165   que no sé a qué responderos.
Disgustada con mi padre
vengo, la culpa tuvisteis,
pues aunque el galán no sabe,
sabe que por el balcón
1170   hablé anoche, y mientras pase
el enojo, con mi prima
quiere que esté, porque hace
de su virtud confïanza.
Solo os diré, y esto baste,
1175   que los disgustos estimo,°   I appreciate
porque también en mí cause
amor diversos efetos,
bien como el sol cuando esparce°   emits
bellos rayos, que una flor
1180   se marchita y otra nace.
Hiere el amor en mi pecho,
y es solo un rayo bastante
a que se muera el pesar
y nazca el gusto de hallarme
1185   en vuestra casa, que ha sido
una esfera de diamante,[76]
hermosa envidia de un sol°   = herself
y capaz dosel° de un ángel.   canopy

DOÑA ÁNGELA   Bien se ve que de ganancia
1190   hoy andáis los dos amantes,
pues que me dais de barato[77]
tantos favores.

DON JUAN   ¿No sabes,
hermana, lo que he pensado?
Que tú, solo por vengarte
1195   del cuidado que te da
mi huésped, cuerda° buscaste   rightly

---

76 This is a *double entendre* referring to Doña Ángela's room as well
as the eighth sphere in Ptolomeic cosmology in which angels dwell.

77 This is a gambling expression that refers to a small token given by
the winner to the losers for their participation in the game.

huéspeda, que a mí me ponga
en cuidado semejante.

DOÑA ÁNGELA　　Dices bien, y yo lo he hecho
1200　　　　　　　solo porque la regales.

DON JUAN　　Yo me doy por muy contento
de la venganza.

DOÑA BEATRIZ　　　　　　　¿Qué haces,
don Juan? ¿Dónde vas?

DON JUAN　　　　　　　　　　Beatriz,
a servirte; que dejarte
1205　　　solo a ti por ti pudiera.

DOÑA ÁNGELA　　Déjale ir.

DON JUAN　　　　　　Dios os guarde.

Vase.

DOÑA ÁNGELA　　Sí, cuidado con su huésped
me dio, y cuidado tan grande,
que apenas sé de mi vida,
1210　　y él de la suya no sabe.
Viéndote a ti con el mismo
cuidado, he de desquitarme,°　　　　　take satisfaction
porque de huésped a huésped
estemos los dos iguales.

1215　DOÑA BEATRIZ　　El deseo de saber
tu suceso,[78] fuera parte
solamente a no sentir
su ausencia.

DOÑA ÁNGELA　　　　　　Por no cansarte,

---

78 **Suceso** refers to what's going on between Ángela and Don Manuel.

1220

1225

1230

1235

1240

1245

papeles suyos y míos
fueron y vinieron tales
(los suyos digo) que pueden
admitirse° y celebrarse,   to be esteemed
porque mezclando las veras°   truths
y las burlas,° no vi iguales   lies
discursos.

DOÑA BEATRIZ   Y él en efeto,
¿qué es a lo que se persuade?[79]

DOÑA ÁNGELA   A que debo de ser dama
de don Luis, juntando partes°   reasons
de haberme escondido dél
y de tener otra llave
del cuarto.

DOÑA BEATRIZ   Sola una cosa
dificultad se me hace.

DOÑA ÁNGELA   Di cuál es.

DOÑA BEATRIZ   ¿Cómo este hombre,
viendo que hay quien lleva y trae
papeles, no te ha espiado,
y 'te ha cogido en el lance?°   caught in the act

DOÑA ÁNGELA   No está eso por prevenir,
porque tengo a sus umbrales°   doorway
un hombre yo, que me avisa
de quién entra y de quién sale
y así no pasa Isabel,
hasta saber que no hay nadie.
Que ya ha sucedido, amiga,
un día entero quedarse
un crïado para verlo,
y haberle salido 'en balde°   in vain
la diligencia y cuidado.

79 **¿Qué es...** *what does he think of all this?*

Y porque no se me pase
de la memoria, Isabel,
1250 llévale aquel azafate°   basket
'en siendo tiempo.°   it's time

DOÑA BEATRIZ   Otra duda:
¿cómo es posible que alabes
de tan entendido,° un hombre   smart
que no ha dado en casos tales[80]
1255 en el secreto común
de la alacena?

DOÑA ÁNGELA   ¿Ahora sabes
lo del huevo de Juanelo,
que los ingenios más grandes
trabajaron en hacer
1260 que en un 'bufete de jaspe°   marble table
'se tuviese en pie,° y Juanelo[81]   stand up on its own
con solo llegar y darle
un golpecillo, le tuvo?
Las grandes dificultades
1265 hasta saberse lo son,
que sabido, todo es fácil.

DOÑA BEATRIZ   Otra pregunta.

DOÑA ÁNGELA   ¿Di cuál?

DOÑA BEATRIZ   De tan locos disparates,°   foolishness
¿que piensas sacar?

DOÑA ÁNGELA   No sé.
1270 Dijérate que mostrarme
agradecida y pasar
mis penas y soledades,
si ya no fuera más que esto,

---

80 **No ha...** *hasn't figured out yet*
81 Juanelo Turriano (1501-85) as a famous watch maker and inventor. The expression **huevo de Juanelo** refers to a problem that appears difficult, but that is easily solved.

porque necia y ignorante
1275   he llegado a tener celos
de ver que el retrato guarde
de una dama, y aun estoy
dispuesta a entrar y tomarle
en la primera ocasión,
1280   y no sé cómo declare
que estoy ya determinada
a que me vea y me hable.

DOÑA BEATRIZ   ¿Descubierta por quien eres?

DOÑA ÁNGELA   ¡Jesús, el cielo me guarde!
1285   Ni él, pienso yo, que a un amigo
y huésped, traición tan grande
hiciera; pues aun pensar
que soy 'dama suya,° hace   = Don Luis's lady
escribirme temeroso,
1290   cortés, turbado y cobarde;
y en efeto, yo no tengo
de 'ponerme a ese desaire.°   add to his worry

DOÑA BEATRIZ   Pues, ¿cómo ha de verte?

DOÑA ÁNGELA   Escucha
y sabrás la más notable
1295   traza,° sin que yo al peligro   scheme
de verme en su cuarto pase,
y él venga sin saber dónde.

ISABEL   Pon otro hermano a la margen,[82]
que viene don Luis.

DOÑA ÁNGELA   Después
1300   lo sabrás.

---

82   This is another metatheatrical reference, as **margen** alludes to the space in the manuscript where stage directions are written. In effect, Isabel is instructing Doña Ángela to declare, as stage directions do, that her brother is entering the room (Antonucci 61).

DOÑA BEATRIZ	¡Qué desiguales
	son los influjos!° ¡Que el cielo,	stars (i.e., destiny)
	en igual mérito y partes,°	natural gifts
	ponga tantas diferencias
	y tantas distancias halle,
1305		que, con un mismo deseo,
	uno obligue y otro canse!
	Vamos de aquí, que no quiero
	que don Luis llegue a hablarme.

Quiérese ir y sale DON LUIS.

DON LUIS   ¿Por qué os ausentáis así?

1310 | DOÑA BEATRIZ   Solo porque vós llegasteis.

DON LUIS   La luz más hermosa y pura
de quien el sol la aprendió,°   = prendió
¿huye porque llegue yo?
¿Soy la noche por ventura?
1315   Pues perdone tu hermosura,
si atrevido y descortés
en detenerte me ves,
que yo en esta contingencia°   possible scenario
no quiero pedir licencia,
1320   porque tú no me la des;
que estimando tu rigor,°   severity
no quiere la suerte mía,
que aun esto que es cortesía
tenga nombre de favor.
1325   Ya sé que mi loco amor
en tus desprecios no alcanza
un átomo de esperanza,
pero yo, viendo tan fuerte
rigor, tengo de quererte
1330   por solo tomar venganza.
Mayor gloria me darás
cuando más pena me ofrezcas,
pues cuando más me aborrezcas°   abhor
tengo de quererte más.

<pre>
1335   Si desto quejosa estás,
       porque con solo un querer
       los dos vengamos a ser,
       entre el placer y el pesar,
       extremos, aprende a amar
1340   o enséñame a aborrecer.
       Enséñame tú rigores,
       yo te enseñaré finezas;
       enséñame tú asperezas,°   harshness
       yo te enseñaré favores;
1345   tú desprecios, y yo amores;
       tú olvido, y yo firme fe;
       aunque es mejor, porque dé
       gloria al amor, siendo dios,
       que olvides tú por los dos,
1350   que yo por los dos querré.
</pre>

DOÑA BEATRIZ
<pre>
       Tan cortésmente os quejáis,
       que aunque agradecer° quisiera   reward
       vuestras penas,° no lo hiciera   anguish
       solo porque las digáis.
</pre>

1355 DON LUIS
<pre>
       Como tan mal me tratáis,
       el idioma del desdén
       aprendí.
</pre>

DOÑA BEATRIZ
<pre>
              Pues ese es bien
       que sigáis; que en caso tal,
       'hará soledad° el mal   he will miss
1360   a quien le dice tan bien.
</pre>

DON LUIS
<pre>
       (Detiénela.) Oye, si acaso te vengas,
       y padezcamos los dos.[83]
</pre>

DOÑA BEATRIZ
<pre>
       No he de escucharos. ¡Por Dios,
       amiga, que le detengas!
</pre>

---

83 Pérez Magallón suggests the following reading: **Cuidado no te vengues y salgamos perdiendo ambos** (183).

Vase.

1365   DOÑA ÁNGELA   ¡Que tan poco valor tengas,
que esto quiera oír y ver!

DON LUIS   ¡Ay, hermana! ¿Qué he de hacer?

DOÑA ÁNGELA   Dar tus penas al olvido,
que querer aborrecido,
1370   es morir y no querer.

Vase con ISABEL.

DON LUIS   Quejoso, ¿cómo podré
olvidarla, que es error?
Dila que me haga un favor,
y obligado olvidaré.
1375   Ofendido no, porque
el más prudente, el más sabio
da su sentimiento° al labio;   pain
si olvidarse el favor suele,
es porque el favor no duele
1380   de la suerte que el agravio.°   offense

Sale RODRIGO.

RODRIGO   ¿De dónde vienes?

DON LUIS   No sé.

RODRIGO   Triste parece que estás.
¿La causa no me dirás?

DON LUIS   Con doña Beatriz hablé.

1385   RODRIGO   No digas más, ya se ve
en ti lo que respondió;
pero, ¿dónde está, que yo
no la he visto?

DON LUIS	La tirana
	es huéspeda de mi hermana
1390	unos días, porque no
	me falte un enfado así
	de un huésped; que cada día
	mis hermanos a porfía°
	'se conjuran° contra mí,
1395	pues cualquiera tiene aquí
	uno que pesar me dé:
	de don Manuel, ya se ve,
	y de Beatriz, pues los cielos
	me traen a casa mis celos,
1400	porque sin ellos no esté.

porfía° — persistently
'se conjuran° — conspire

RODRIGO   Mira que don Manuel puede
               oírte, que viene allí.

Sale DON MANUEL.

DON MANUEL   (*Aparte.*) Solo en el mundo por° mí
               tan gran prodigio° sucede.
1405   ¿Qué haré, cielos, con que quede
               desengañado° y saber
               de una vez, si esta mujer
               de don Luis dama ha sido
               o cómo mano ha tenido,
1410   y cautela,° para hacer
               tantos engaños?

por° — = a
prodigio° — strange occurrence
desengañado° — without a doubt
cautela° — cleverness

DON LUIS   Señor
               don Manuel.

DON MANUEL   Señor don Luis.

DON LUIS   ¿De dónde bueno venís?

DON MANUEL   De palacio.

DON LUIS   Grande error
1415   el mío fue en preguntar,

	a quien pretensiones° tiene,	aspiration
	dónde va ni dónde viene,	
	porque es fuerza que ha de dar	
	cualquiera línea en palacio,	
1420	como centro de su esfera.	

DON MANUEL	Si solo a palacio fuera	
	estuviera más 'de espacio,°	calm
	pero mi afán inmortal°	unending
	mayor término ha pedido.	
1425	Su Majestad ha salido	
	esta tarde al Escurial,°	= El Escorial
	y es fuerza esta noche ir	
	con mis despachos° allá,	service papers
	que de importancia será.	

1430	DON LUIS Si ayudaros a servir
	puedo en algo, ya sabéis,
	que soy en cualquier suceso,
	vuestro.

DON MANUEL	Las manos os beso
	por la merced que me hacéis.

1435	DON LUIS Ved que no es lisonja esto.

DON MANUEL	Ya veo que es voluntad
	de mi aumento.[84]

DON LUIS	Así es verdad.
	(*Aparte.*) Porque negocies más presto.[85]

DON MANUEL	Pero a un galán cortesano,	
1440	tanto como vós, no es justo	
	divertirle° de su gusto;	distract
	porque yo tengo 'por llano°	for sure

---

84 **Es voluntad...** *your will to help me out*

85 Don Luis shows to the audience his inner desire for Don Manuel to finish his business with the king so that he will leave the house as soon as possible.

           que estaréis entretenido,
           y gran desacuerdo fuera
1445   que ausentaros pretendiera.

DON LUIS   Aunque hubiérades oído
           lo que con Rodrigo hablaba
           no respondierais así.

DON MANUEL   Luego, ¿bien he dicho?

DON LUIS   Sí,
1450   que aunque es verdad que lloraba
           de una hermosura el rigor,
           a la firme voluntad°   love
           le hace tanta soledad
           el desdén como el favor.[86]

1455   DON MANUEL   ¡Qué desvalido° os pintáis!   unfortunate lover

DON LUIS   Amo una grande hermosura,
           sin estrella y sin ventura.°   luck

DON MANUEL   ¿Conmigo disimuláis°   hiding the truth
           agora?

DON LUIS   ¡Pluguiera al cielo!°   let's hope so!
1460   Mas tan infeliz nací,
           que huye esta beldad° de mí,   woman
           como de la noche el velo
           de la hermosa luz del día
           a cuyos rayos me quemo.
1465   ¿Queréis ver con cuánto extremo
           es la triste suerte mía?
           Pues porque no la siguiera,
           amante y celoso yo,
           a una persona pidió
1470   que mis pasos detuviera.
           Ved si hay rigores más fieros,°   fierce

---

86 **Le hace...** *he suffers just as much from her scorn as from her favor*

pues todos suelen buscar
terceros para alcanzar,
y ella, ¿huye por terceros?[87]

Vase él y RODRIGO.

1475	DON MANUEL	¿Qué más se ha de declarar?
		Mujer que su vista huyó
		y a otra persona pidió
		que le llegase a estorbar,
		por mí lo dice, y por ella.
1480		Ya por lo menos vencí° resolved
		una duda, pues ya vi,
		que aunque es verdad que es aquella,
		no es su dama, porque él
		despreciado no viviera
1485		si en su casa la tuviera.[88]
		Ya es mi duda más crüel:
		si no es su dama, ni vive
		en su casa, ¿cómo así
		escribe y responde? Aquí
1490		muere un engaño y concibe
		otro engaño. ¿Qué he de hacer,
		que soy en mis opiniones
		confusión de confusiones?
		¡Válgate Dios por mujer!

Sale COSME.

1495	COSME	Señor, ¿qué hay de duende? ¿Acaso
		hasle visto por aquí?
		Que de saber que no está
		allá, me holgaré.° I'll be pleased

---

87 These are go-betweens, those people who help two lovers to unite by delivering their love letters to each other. Don Luis is saddened that the woman he loves uses such a person in the opposite manner, i.e., to get away from him.

88 Here Don Manuel realizes that the mysterious woman is not Don Luis's lady. His confusion over the identity of the veiled woman, however, is only greater now.

Don Manuel	Habla paso.°	quietly

Cosme

    Que tengo mucho que hacer
1500   en nuestro cuarto, y no puedo
    entrar.

Don Manuel   Pues, ¿qué tienes?

Cosme   Miedo.

Don Manuel   ¿Miedo un hombre ha de tener?

Cosme

    No le ha de tener, señor,
    pero ve aquí que le tiene,
1505   porque al suceso conviene.[89]

Don Manuel

    Deja aquese necio humor,°   demeanor
    y lleva luz, porque tengo
    que disponer° y escribir,   tidy up
    y esta noche he de salir
1510   de Madrid.

Cosme

    'A eso me atengo,°   enough said
    pues dices con eso aquí
    que tienes miedo al suceso.

Don Manuel

    Antes te he dicho con eso
    que 'no hago caso de ti,°   I'm ignoring you
1515   pues de otras cosas me acuerdo
    que son diferentes, cuando
    en estas me estás hablando,
    el tiempo en efeto pierdo.
    En tanto que me despido
1520   de don Juan, ten luz.

Vase.

---

89 **Al suceso...** *the circumstances justify it*

COSME   Sí haré,
luz al duende llevaré,
que es hora que sea servido
y no esté a escuras.° Aquí   = oscuras
ha de haber una cerilla;°   long candle

1525   en aquella lamparilla
que está murmurando° allí,   flickering
encenderla agora puedo.
¡Oh qué prevenido° soy!   prepared
Y 'entre estas y estotras° voy   meanwhile

1530   titiritando° de miedo.   with teeth chattering

Vase y sale ISABEL por la alacena con un
azafate cubierto.

ISABEL   Fuera están, que así el crïado
me lo dijo. Agora es tiempo
de poner este azafate
de ropa blanca en el puesto

1535   señalado. ¡Ay de mí, triste,
que como es de noche, tengo
con la grande obscuridad
de mí misma asombro y miedo!
¡Válgame Dios, que temblando

1540   estoy! El duende primero
soy que se encomienda a Dios.
No hallo el bufete. ¿Qué es esto?
Con la turbación y espanto
perdí de la sala el tiento.°   my way

1545   No sé dónde estoy, ni hallo
la mesa. ¡Qué he de hacer, cielos!
Si no 'acertase a salir°   find my way out
y me hallasen aquí dentro,
'dábamos con todo el caso

1550   al traste.° Gran temor tengo,   we're finished
y más agora, que abrir
la puerta del cuarto siento
y trae luz el que la abre.
'Aquí dio fin el suceso,°   the jig is up

1555   que ya, ni puedo esconderme,

ni volver a salir puedo.

Sale COSME *con luz.*[90]

COSME   Duende mi señor, si acaso
obligan los rendimientos
a los duendes bien nacidos,
1560   humildemente le ruego
que no se acuerde de mí
en sus muchos embelecos,°   tricks
y esto por cuatro razones:
la primera, 'yo me entiendo;°   I know why

Va andando y ISABEL *detrás dél, huyendo
de que no la vea.*

1565   la segunda, usted lo sabe;
la tercera, por aquello
de que al buen entendedor;[91]
la cuarta, por estos versos:
"Señor Dama Duende
1570   duélase de mí,
que soy niño y solo,
y nunca en tal me vi."[92]

ISABEL   (*Aparte.*) Ya con la luz he cobrado
el tino° del aposento,   my way
1575   y él no me ha visto. Si aquí
se 'la mato,° será cierto   blow the light out
que mientras la va a encender

---

90   Though the audience would have been watching the play during the day and could clearly see, the action of the play is supposed to take place in the darkness of the room. The actors would thus have to create this nocturnal setting for the public with their gestures.

91   **Al buen...** *the wise man knows why.* Pérez Magallón notes that the expression in its entirety is **Al buen entendedor pocas palabras bastan** (194).

92   Cosme humorously adapts the popular song of the time that goes, **Señor Gómez Arias, / doleos de mí; / soy muchacha y niña / y nunca en tal me vi** (Pérez Magallón 195).

salir a mi cuarto puedo;
que cuando sienta° el ruido,   hears
no me verá por lo menos;
y a dos daños, el menor.

COSME   ¡Qué gran músico es el miedo!

ISABEL   (*Aparte.*) 'Esto ha de ser desta suerte.°   Let him have it

Dale un porrazo° y mátale la luz.   whack

COSME   ¡*Verbo caro... fiteor Deo*,[93]
que me han muerto!

ISABEL   (*Aparte.*)   Ahora podré
escaparme.

Al querer huir ISABEL, sale DON MANUEL.

DON MANUEL   ¿Qué es aquesto?
Cosme, ¿cómo estás sin luz?

COSME   Como a los dos nos ha muerto
la luz el duende de un soplo,°   blow
y a mí de un golpe.

DON MANUEL   Tu miedo
te hará creer esas cosas.

COSME   Bien a mi costa las creo.

ISABEL   (*Aparte.*) ¡Oh si la puerta topase![94]

DON MANUEL   ¿Quién está aquí?

---

93 Valbuena Briones observes the comic effect of Cosme initiating a prayer of protection from John 1:14 (*Verbo caro*) and ending with another (*fiteor Deo*) that was typically evoked in moments of danger; in this case, when Isabel hits him (109).

94 **Si la...** *if I could only find the door*

Topa ISABEL con DON MANUEL, y él la tiene del azafate.

ISABEL   (*Aparte.*)   Peor es esto,
1595   que con el amo he encontrado.

DON MANUEL   Trae luz, Cosme, que ya tengo
                a quien es.

COSME   Pues no le sueltes.

DON MANUEL   No haré. Ve por ella° presto.   = la luz

COSME   'Tenle bien.°   hold the **duende** tight

Vase.

ISABEL   (*Aparte.*)   Del azafate
1600   asió, en sus manos le dejo.
                Hallé la alacena. Adiós.

Vase, y él tiene el azafate.

DON MANUEL   'Quienquiera° que es, se esté quedo°   whoever, still
                hasta que traigan la luz,
                porque si no, ¡vive el cielo!,
1605   que le dé de puñaladas.°   stabbings
                Pero solo abrazo el viento,
                y topo solo una cosa
                de ropa y de poco peso.
                ¿Qué será? ¡Válgame Dios,
1610   que en más confusión me ha puesto!

Sale COSME con luz.

COSME   ¡Téngase el duende a la luz!
                Pues, ¿qué es dél? ¿No estaba preso?°   prisoner
                ¿Qué se hizo? ¿Dónde está?
                ¿Qué es esto señor?

DON MANUEL	No acierto
1615	a responder. Esta ropa
	me ha dejado y se fue huyendo.

COSME	¿Y qué dices deste lance?°	confusion
	'Aun bien que° agora tú mismo	fortunately
	dijiste que le tenías,
1620	y se te fue por el viento.

DON MANUEL	Diré que aquesta persona,
	que con arte y con ingenio
	entra y sale aquí, esta noche
	estaba encerrada dentro;
1625	que para poder salir
	te mató la luz, y luego
	me dejó a mí el azafate,
	y se me ha escapado huyendo.

| COSME | ¿Por dónde? |

| DON MANUEL | Por esa puerta. |

1630 COSME	Harasme que pierda el seso;⁹⁵
	vive Dios que yo le vi
	a los últimos reflejos
	que la pavesa° dejó	embers
	de la luz que me había muerto.

| DON MANUEL | ¿Qué forma tenía? |

1635 COSME	Era un fraile°	friar
	tamañito,° y tenía puesto	small
	un cucurucho° tamaño,	cone-shaped hood
	que por estas señas creo
	que era duende capuchino.⁹⁶

| 1640 DON MANUEL | ¡Qué de cosas hace el miedo! |

---

95 **Harasme que...** *you're driving me crazy*
96 This is a religious order of friars that wore cone-shaped hoods.

Alumbra aquí y lo que trujo
el frailecito° veremos.   = **duende**
Ten este azafate tú.

COSME   '¿Yo azafates del infierno?[97]

1645 DON MANUEL   Tenle pues.

COSME   Tengo las manos
sucias, señor, con el sebo°   tallow
de la vela, y mancharé
el tafetán° que cubierto   silk cloth
le tiene; mejor será
1650 que le pongas en el suelo.

DON MANUEL   Ropa blanca es y un papel.
Veamos si el fraile es discreto:

Lee.

En el poco tiempo que ha que vivís en esta casa,
no se ha podido hacer más ropa; como se fuere
haciendo se irá llevando. A lo que decís del amigo,
persuadido a que soy dama de don Luis, os aseguro
que no solo lo soy,[98] sino que no puedo serlo y esto
'dejo para la vista, que será presto.° Dios os guarde.   you'll soon see

Bautizado está este duende,[99]
pues de Dios se acuerda.

COSME   ¿Veslo,
1655 cómo hay duende religioso?

DON MANUEL   Muy tarde es. Ve componiendo°   preparing
las maletas y cojines,

---

97 **¿Yo azafates...** *You want me to hold baskets from Hell?*

98 **No solo...** *not only am I not* (Don Luis's lady). Modern Spanish
would include a second **no**: "no sólo no lo soy."

99 This is another superstitious belief to which Don Manuel shows
his skepticism; this one being the belief that children who were not bap-
tized could become **duendes** (Pérez Magallón 199).

y en una bolsa pon estos

Dale unos papeles.

papeles, que son el todo
a que vamos;[100] que yo intento
en tanto dejar respuesta
a mi duende.

Pónelos sobre una silla y DON MANUEL escribe.

COSME   Aquí los quiero,
para que no se me olviden,
y estén a mano, ponerlos,
mientras me detengo un rato
solamente a decir esto:
¿has creído ya que hay duendes?

DON MANUEL   ¡Qué disparate tan necio!

COSME   ¿Esto es disparate? ¿Ves
tú mismo tantos efetos,
como venirse a tus manos
un regalo por el viento,
y aún dudas? Pero bien haces,
si a ti te va bien con eso;
mas déjame a mí, que yo,
que peor partido tengo,
lo crea.

DON MANUEL   ¿De qué manera?

COSME   Desta manera lo pruebo:
si nos revuelven° la ropa,   scatter
te ríes mucho de verlo,
y yo soy quien la compone,
que no es trabajo pequeño.

---

100 **Que son...** *which we will need in El Escorial*

Si a ti te dejan papeles,
y se llevan dos conceptos,°   messages
1685   a mí me dejan carbones,
y se llevan mi dinero.
Si traen dulces, tú 'te huelgas°   take pleasure in
como un padre[101] de comerlos,
y yo ayuno° como un puto,   fast
1690   pues ni los toco ni veo.
Si a ti te dan las camisas,
las valonas° y pañuelos,   type of men's collar
a mí los sustos° me dan   scares
de escucharlo y de saberlo.
1695   Si cuando los dos venimos
aquí, casi a un mismo tiempo,
te dan a ti un azafate
tan 'aseado y compuesto,°   clean and tidy
a mí me da un mojicón,°   beating
1700   en aquestos pestorejos,°   back of the neck
tan descomunal y grande
que me hace 'escupir los sesos.°   spew out my brains
Para ti solo, señor,
es el gusto y el provecho;
1705   para mí el susto y el daño;
y tiene el duende, en efeto,
para ti mano de lana,
para mi mano de hierro.
Pues déjame que lo crea,
1710   que 'se apura el sufrimiento°   one loses patience
queriendo negarle a un hombre
lo que está pasando y viendo.

DON MANUEL   Haz las maletas y vamos,
que allá en el cuarto te espero
1715   de don Juan.[102]

COSME   Pues, ¿qué hay que hacer,

---

101 Here, **padre** means the owner of a brothel (Antonucci 77).
102 More understandable: **en el cuarto de Don Juan te espero.**

si allá vestido de negro[103]
has de andar, y esto se hace
con tomar un herreruelo?°   long cape

DON MANUEL   Deja cerrado° y la llave   locked
lleva, que si en este tiempo
hiciere falta, otra tiene
don Juan. (*Aparte.*) Confuso me ausento
por no llevar ya sabido
esto, que ha de ser tan presto;
pero uno importa al honor
de mi casa y de mi aumento,
y otro solamente a un gusto;
y así entre los dos extremos,
donde el honor es lo más,
todo lo demás es menos.

Vanse.

Salen DOÑA ÁNGELA, DOÑA BEATRIZ *y*
ISABEL.

DOÑA ÁNGELA   ¿Eso te ha sucedido?

ISABEL   Ya todo el embeleco° vi perdido,   trick
porque si allí me viera,
fuerza, señora, fuera
el descubrirse todo;
pero en efeto me escapé del modo
que te dije.

DOÑA ÁNGELA   Fue extraño
suceso.

DOÑA BEATRIZ   Y ha de dar fuerza al engaño,
sin haber visto gente,
ver que dé un azafate y que se ausente.

---

103 **Vestido de...** *dressed in black*, a color which was a sign of elegance
amongst the nobility in Golden-Age Spain

DOÑA ÁNGELA   Si tras desto consigo
que me vea del modo que te digo,
no dudo de que 'pierda
el juicio.°   he'll lose his mind

DOÑA BEATRIZ   La atención más grave y cuerda°   sane
1745   es fuerza que se espante,
Ángela, con suceso semejante;
porque querer llamalle,
sin saber dónde viene, y que se halle
luego con una dama,
1750   tan hermosa, tan rica y de tal fama,
sin que sepa quién es, ni dónde vive,
(que esto es lo que tu ingenio le apercibe°)   prepares
y haya, tapado y ciego,
de volver a salir y dudar luego,[104]
1755   ¿a quién no ha de admirar?°   amaze

DOÑA ÁNGELA   Todo advertido°   ready
está ya, y por estar tú aquí no ha sido
hoy la noche primera
que ha de venir a verme.

DOÑA BEATRIZ   ¿No supiera
yo callar el suceso
1760   de tu amor?

DOÑA ÁNGELA   Que no, prima, no es por eso,
sino que estando en casa
tú, como a mis hermanos les abrasa°   burns
tu amor, no salen della,
adorando los rayos de tu estrella,°   sun (i.e., beauty)
1765   y fuera aventurarme,
no ausentándose ellos, empeñarme.°   insist

Sale DON LUIS al paño.[105]

---

104 Doña Beatriz has just revealed Doña Ángela's next scheme to
make contact with Don Manuel.

105 This is a common stage direction indicating that the actor hide
behind a curtain from which s/he may overhear the dialogue in action and,

DON LUIS (*Aparte.*) ¡Oh cielos! ¡Quién pudiera
disimular su afecto!° ¡Quién pusiera — passion
límite al pensamiento,
770 freno a la voz y ley° al sentimiento!° — control, pain
Pero ya que conmigo
tan poco puedo, que esto no consigo,
desde aquí he de ensayarme° — pretend to
a vencer mi pasión y reportarme.° — compose myself

775 **DOÑA BEATRIZ** Yo diré de qué suerte
'se podrá disponer,° para no hacerte — it can be arranged
mal tercio,[106] y para hallarme
aquí; porque sintiera el ausentarme,
sin que el efeto° viera — conclusion
780 que deseo.

DOÑA ÁNGELA Pues di, ¿de qué manera?

DON LUIS (*Aparte.*) ¿Qué es lo que las dos tratan,
que 'de su mismo aliento se recatan?° — hiding under their breath

DOÑA BEATRIZ Las dos publicaremos
que mi padre envió por mí, y 'haremos
785 la deshecha° con modos, — we'll pretend
que teniéndome ya por ida todos,
vuelva a quedarme en casa.

DON LUIS (*Aparte.*) ¿Qué es esto, ¡cielos!
que en mi agravio pasa?

DOÑA BEATRIZ Y oculta con secreto,
790 sin estorbos podré ver el efeto...

DON LUIS (*Aparte.*) ¿Qué es esto, cielo° injusto? — fate

---

when desired, direct an aside to the audience.
106 **mal tercio...** *to not get in your way*

DOÑA BEATRIZ	...que ha de ser para mí de tanto gusto.[107]	
DOÑA ÁNGELA	Y luego, ¿qué diremos de verte aquí otra vez?	
DOÑA BEATRIZ	Pues, ¿no tendremos (¡qué mal eso te admira!) ingenio para hacer otra mentira?	
DON LUIS	(*Aparte.*) Sí tendréis. ¿Que esto escucho? Con nuevas penas y tormentos lucho.	
DOÑA BEATRIZ	Con esto, sin testigos° y en secreto, deste notable amor veré el efeto; pues, estando escondida yo, y estando la casa recogida, 'sin escándalo° arguyo que pasar pueda de su cuarto al tuyo.	witnesses without being heard
DON LUIS	(*Aparte.*) Bien claramente infiero (cobarde vivo, y atrevido muero) su intención. Más dichoso mi hermano la merece. ¡Estoy celoso![108] A darle se prefiere la ocasión que desea, y así, quiere que de su cuarto pase sin que nadie lo sepa, ¡y yo me abrase! Y porque sin testigos se logren (¡oh enemigos!) mintiendo mi sospecha, quiere hacer conmigo la deshecha. Pues si esto es así, cielo, para el estorbo de su amor apelo;[109] y cuando esté escondida, buscando otra ocasión,° con atrevida	 pretext

The line numbers in the left margin are: 1795, 1800, 1805, 1810, 1815, 1820.

---

107 This phrase continues her prior sentence that Don Luis has interrupted unbeknownst to her.

108 Don Luis mistakenly believes that Doña Beatriz is talking about sneaking into Don Juan's bedroom.

109 **para el...** *I swear to interfere in their amorous affair*

resolución veré toda la casa
hasta hallarla; que el fuego que me abrasa
ya no tiene otro medio°   solution
que el estorbar es último remedio
1825   de un celoso. ¡Valedme,° santos cielos,   help me
que abrasado de amor muero de celos!

Vase.

DOÑA ÁNGELA   Está bien prevenido,°   arranged
y mañana diremos que te has ido.

Sale DON JUAN.

DON JUAN   ¡Hermana! ¡Beatriz, bella!

1830   DOÑA BEATRIZ   Ya 'te echábamos menos.°   we missed you

DON JUAN   Si mi estrella
tantas dichas mejora,
que me eche menos vuestro sol, señora,
de mí mismo, envidioso,
tendré mi mismo bien por sospechoso;
1835   que posible no ha sido
que os haya merecido
mi amor ese cuidado,
y así, de mí envidioso y envidiado,
tendré en tan dulce abismo,
1840   yo, lástima y envidia de mí mismo.

DOÑA BEATRIZ   Contradecir no quiero
argumento, don Juan, tan lisonjero;
que quien ha dilatado
tanto el venirme a ver y me ha olvidado,
1845   ¿quién duda que estaría
bien divertido? Sí, y allí tendría
envidia a su ventura,
y lástima perdiendo la hermosura
que tanto le divierte.
1850   Luego claro se prueba desta suerte,

con cierto° silogismo,   precise
la lástima y envidia de sí mismo.

DON JUAN   Si no fuera ofenderme, y ofenderos,
                intentara, Beatriz, satisfaceros°   apologize
1855   con deciros que he estado
                con don Manuel, mi huésped, ocupado
                agora en su partida,°   departure
                porque se fue esta noche.

DOÑA ÁNGELA   ¡Ay de mi vida!

DON JUAN   ¿De qué, hermana, es el susto?

1860 DOÑA ÁNGELA   Sobresalta un placer como un disgusto.

DON JUAN   Pésame que no sea
                placer cumplido el que tu pecho vea,
                pues volverá mañana.

DOÑA ÁNGELA   (*Aparte.*) Vuelva a vivir una esperanza vana.
1865   Ya 'yo me había espantado,°   I was amazed
                que tan 'de paso° nos venía el enfado,°   briefly, = the guest
                que fue siempre importuno.

DON JUAN   Yo no sospecho que te dé ninguno,°   = enfado
                sino que tú y don Luis mostráis disgusto,
1870   por ser cosa en que yo he tenido gusto.

DOÑA ÁNGELA   No quiero responderte,
                aunque tengo bien qué; y es por no 'hacerte
                mal juego,° siendo agora   get in the way
                tercero de tu amor, pues nadie ignora
1875   que ejerce amor 'las flores de fullero°   gambler's tricks
                'mano a mano,° mejor que con tercero.   between two (lovers)
                Vente, Isabel, conmigo.
                (*Aparte.*) Que aquesta noche misma a traer me obligo
                el retrato, pues puedo
1880   pasar 'con más espacio° y menos miedo;   at ease
                tenme tú prevenida

una luz y en qué pueda ir escondida,
porque no ha de tener, contra mi fama,°   reputation
quien me escribe, retrato de otra dama.

Vanse.

1885   DOÑA BEATRIZ   No creo que te debo
tantas finezas.°   courtesies

DON JUAN   Los quilates° pruebo   karats
en mi fe (porque es mucha)
en un discurso.

DOÑA BEATRIZ   Dile.

DON JUAN   Atiende, escucha.
Bella Beatriz, mi fe es tan verdadera,
1890   mi amor tan firme, mi afición tan rara,°   extraordinary
que aunque yo no quererte deseara,
contra mi mismo afecto° te quisiera.   inclination
Estímate mi vida de manera
que, a poder olvidarte, te olvidara,
1895   porque después por elección te amara;
fuera gusto mi amor, y no ley fuera.
Quien quiere a una mujer, porque no puede
olvidalla, no obliga con querella,¹¹⁰
pues nada el albedrío° la concede.   will
1900   Yo no puedo olvidarte, Beatriz bella,
y siento el ver que tan ufana° quede   proud
con la vitoria de tu amor mi estrella.

DOÑA BEATRIZ   Si la elección se debe al albedrío,
y la fuerza al impulso de una estrella,
1905   voluntad° más segura será aquella   love
que no viva sujeta a un desvarío.°   whim
Y así de tus finezas desconfío,
pues mi fe, que 'imposibles atropella,°   ignores difficulties
si viera a mi albedrío andar sin ella,

---

110 **No obliga...** *does not deserve anything for loving her*

1910 negara, vive el cielo, que era mío.
Pues aquel breve instante que gastara
en olvidar para volver a amarte,
sintiera que mi afecto me faltara.
Y huélgome de ver que no soy parte° capable
1915 para olvidarte,¹¹¹ pues que no te amara
el rato que tratara de olvidarte.

*Vanse, y sale DON MANUEL tras COSME,
que viene huyendo.*

DON MANUEL   Vive Dios, si no mirara...

COSME   Por eso miras.

DON MANUEL   ... que fuera
infamia° mía, que hiciera disgrace
1920 un desatino.° i.e., kill you

COSME   Repara° rest assured
en que te he servido bien,
y un descuido no está en mano
de un católico cristiano.

DON MANUEL   ¿Quién ha de sufrirte, quién,
1925 si lo que más importó,
y lo que más te he encargado,
es lo que más se ha olvidado?

COSME   Pues por eso se olvidó,
por ser lo que me importaba,
1930 que si importante no fuera,
en olvidarse, ¿qué hiciera?
¡Viven los cielos!, que estaba
tan cuidadoso en traer
los papeles, que por eso
1935 los puse aparte, y confieso
que el cuidado vino a ser

---

111 **Huélgome...** *I could never forget you*

el mismo que me dañó;
pues si aparte no estuvieran,
con los demás se vinieran.

DON MANUEL   Harto es que se te acordó
en la mitad del camino.

COSME   Un gran cuidado llevaba,
sin saber que le causaba,
que le juzgué a desatino,
'hasta que en el caso di,°   I realized
y supe que era el cuidado
el habérseme olvidado
los papeles.

DON MANUEL   Di que allí
el mozo espere, teniendo
las mulas, porque también
llegar con ruido no es bien,
despertando a quien durmiendo
está ya; pues puedo entrar,
supuesto que llave tengo,
y el despacho° por quien vengo,   = packet of service papers
'sin ser sentido,° sacar.   without being heard

COSME   Ya el mozo queda advertido;
mas considera, señor,
que sin luz es grande error
querer hallarlos, y el ruido
excusarse no es posible,
porque, si luz no nos dan,
en el cuarto de don Juan,
¿cómo hemos de ver?

DON MANUEL   ¡Terrible
es tu enfado!° ¿Agora quieres   act that angers one
que le alborote° y le llame?   disturb
Pues, ¿no sabrás, dime, infame,°   scoundrel
que causa de todo eres,
'por el tiento,° dónde fue   by feeling your way

1970

donde quedaron?

COSME   No es esa
la duda; que yo a la mesa
donde sé que los dejé,
iré a ciegas.

DON MANUEL   Abre presto.

COSME   'Lo que a mi temor responde,°   What I fear
1975   es que no sabré yo adónde
el duende los habrá puesto;
porque, ¿qué cosa he dejado,
que haya vuelto a hallarla yo
en la parte que quedó?

1980 DON MANUEL   Si los hubiere mudado,°   moved
luz entonces pediremos,
pero hasta verlo, no es bien
que alborotemos a quien
buen hospedaje debemos.

Vanse, y salen por la alacena DOÑA ÁN-
GELA y ISABEL.

1985 DOÑA ÁNGELA   Isabel, pues recogida
está la casa,[112] y es dueño
de los sentidos el sueño,
'ladrón de la media vida,°   = sleep
y sé que el huésped se ha ido,
1990   robarle el retrato quiero,
que vi en 'el lance primero.°   the first time

ISABEL   Entra quedo° y no hagas ruido.   quietly

DOÑA ÁNGELA   Cierra tú por allá fuera,
y hasta venirme a avisar
1995   no saldré yo, por no dar

112 **Recogida está...** *everyone in the house is asleep*

en más riesgo.

ISABEL   Aquí me espera.

Vase ISABEL, *cierra la alacena, y salen*
como a escuras DON MANUEL *y* COSME.

COSME   Ya está abierto.

DON MANUEL   'Pisa quedo,°   step softly
que si aquí 'sienten rumor,°   hear a sound
será alboroto mayor.

2000   COSME   ¿Creerasme que tengo miedo?
Este duende bien pudiera
tenernos luz encendida.

DOÑA ÁNGELA   La luz que truje escondida,
porque de aquesta manera
2005   no se viese, es tiempo ya
de descubrir.

Ellos están apartados, y ella saca una luz
de una linterna que trae cubierta.[113]

COSME   Nunca ha andado
el duende 'tan bien mandado.°   so obedient
¡Qué presto la luz nos da!
Considera agora aquí
2010   si te quiere bien el duende,
pues que para ti la enciende
y la apaga para mí.

DON MANUEL   ¡Válgame el cielo! Ya es
esto sobrenatural;
2015   que traer con prisa tal
luz, no es obra humana.

---

113 Once Doña Ángela lights the lantern, Don Manuel and Cosme
are able to see her without her knowing it.

COSME	¿Ves cómo a confesar veniste que es verdad?
DON MANUEL	'De mármol° soy, por volverme atrás estoy.

i.e., scared

2020	COSME	Mortal eres, ya temiste.
	DOÑA ÁNGELA	Hacia aquí la mesa veo, y con papeles está.
	COSME	Hacia la mesa se va.
	DON MANUEL	¡Vive Dios, que dudo y creo una admiración° tan nueva!

2025   strange spectacle

COSME   ¿Ves cómo nos va guïando
a lo que venimos buscando,
sin que veamos quién la lleva?

*Saca la luz de la linterna, pónela en un
candelero que habrá en la mesa, y toma
una silla, y siéntase de espaldas a los dos.*

DOÑA ÁNGELA   Pongo aquí la luz y agora
2030   la escribanía veré.

DON MANUEL   Aguarda,° que a los reflejos   wait
de la luz todo se ve,
y no vi en toda mi vida
tan soberana° mujer.   uniquely beautiful
2035   ¡Válgame el cielo! ¿Qué es esto?
Hidras,[114] a mi parecer,
son los prodigios, pues de uno
nacen mil. ¡Cielos! ¿Qué haré?

---

114 The hydra is a mythological sea monster said to have many heads
that would regenerate themselves if severed. Here, Don Manuel recalls this
image as a result of being overwhelmed by witnessing one wonder (**prodi-
gio**) after the other.

COSME	'De espacio° lo va tomando,	= **despacio**
2040	silla arrastra.¹¹⁵	

DON MANUEL	Imagen es	
	de la más rara beldad	
	que 'el soberano pincel°	God's paintbrush
	ha obrado.°	created

COSME	Así es verdad,
	porque solo la hizo Él.

2045	DON MANUEL	Más que la luz resplandecen°	shine
	sus ojos.	

COSME	Lo cierto es,	
	que son sus ojos luceros¹¹⁶	
	'del cielo de Lucifer.°	from Hell

DON MANUEL	Cada cabello es un rayo
	del sol.

2050	COSME	Hurtáronlos dél.¹¹⁷

DON MANUEL	Una estrella es cada rizo.°	curl of hair

COSME	Sí será; porque también
	se las trujeron acá,
	o una parte de las tres.¹¹⁸

2055	DON MANUEL	No vi más rara hermosura.

COSME	No dijeras eso 'a fe,°	surely

---

115 **Silla arrastra...** *she's dragging the chair*

116 **Luceros** are stars, but also a play on words with Lucifer's name (also known as the "Morning Star" in the bible), which derives from the same word.

117 **Hurtáronlos dél...** *the demons stole them (from the sun)*

118 Valbuena Briones believes Cosme refers to the three levels of Christian eschatology: heaven, earth, and hell (126).

si el pie la vieras, porque estos
son malditos por el pie.[119]

DON MANUEL	Un asombro de belleza,	
2060	un ángel hermoso es.	
COSME	Es verdad, pero patudo.°	hooved
DON MANUEL	¿Qué es esto que querrá hacer	
	con mis papeles?	
COSME	Yo apuesto,	
	que querrá mirar y ver	
2065	los que buscas, porque aquí	
	tengamos menos que hacer,	
	que es duende muy servicial.	
DON MANUEL	¡Válgame el cielo! ¿Qué haré?	
	Nunca me he visto cobarde	
2070	sino sola aquesta vez.	
COSME	Yo sí, muchas.	
DON MANUEL	Y, 'calzado	
	de prisión de hielo el pie,°	unable to walk
	tengo el cabello erizado,°	on end
	y cada suspiro es	
2075	para mi pecho un puñal,°	dagger
	para mi cuello un cordel.°	string
	Mas, ¿yo he de tener temor?	
	¡Vive el cielo, que he de ver	
	si sé vencer un encanto!°	spell

Llega y ásela.

2080	Ángel, demonio o mujer,
	a fe que no has de librarte

---

119 Cosme refers to the Devil's representation as a goat in Christian
folklore.

de mis manos esta vez.

DOÑA ÁNGELA   (*Aparte.*) ¡Ay infelice de mí!
Fingida su ausencia fue.
2085   ¡Más ha sabido que yo!

COSME   De parte de Dios (aquí es
Troya del diablo)[120] nos di...

DOÑA ÁNGELA   (*Aparte.*) ...mas yo disimularé.°[121]   I'll pretend

COSME   ¿Quién eres, y qué nos quieres?

2090   DOÑA ÁNGELA   Generoso don Manuel
Enríquez, a quien está
guardado un inmenso bien,
no me toques, 'no me llegues,°   don't come any closer
que llegarás a perder
2095   la mayor dicha que el cielo
te previno por merced
del hado,° que 'te apadrina°   destiny, protects you
por decretos de su ley.
Yo te escribí aquesta tarde,
2100   en el último papel,
que nos veríamos presto,
y, anteviendo,[122] aquesto fue.
Y, pues cumplí mi palabra,
supuesto que ya me ves
2105   en la más humana forma
que he podido elegir: ve
en paz, y déjame aquí,
porque aún cumplido no es

---

120   Homer's depiction of the destruction of Troy in the *Iliad* made this city synonymous with defeat. Therefore, Cosme believes that his evocation of God will lead to the demon's (i.e., the **duende**) demise.

121   Doña Ángela hopes to continue the illusion by pretending to be the spirit that Don Manuel and Cosme think they are seeing.

122   **Anteviendo** means *foreseeing*. Doña Ángela is pretending to have the power to see the future in order to add to her supernatural persona as a spirit from beyond the grave.

2110 el tiempo en que mis sucesos
has de alcanzar y saber.
Mañana los sabrás todos,
y mira que a nadie des
parte desto, si no quieres
una gran suerte perder.
2115 Ve en paz.

COSME   Pues que con la paz
nos convida, señor, ¿qué
esperamos?

DON MANUEL   (*Aparte.*)   ¡Vive Dios,
que corrido° de temer   I'm tired of
vanos asombros estoy!
2120 Y puesto que no los cree
mi valor, he de 'apurar
todo el caso° de una vez.   figure this out

Mujer, quienquiera que seas,
(que no tengo de creer
2125 que eres otra cosa nunca)
¡vive Dios, que he de saber
quién eres, cómo has entrado
aquí, con qué fin y a qué!
Sin esperar a mañana,
2130 esta dicha gozaré.
Si demonio, por demonio,
y si mujer, por mujer,
que a mi esfuerzo no le da
que recelar° ni temer   distrust
2135 tu amenaza, cuando fueras
demonio, aunque yo bien sé
que teniendo cuerpo tú,
demonio no puede ser,
sino mujer.

COSME   Todo es uno.[123]

---

123 By equating women and devils, Cosme here manifests the mi-

2140   DOÑA ÁNGELA   No me toques, que a perder
                           echas una dicha.

     COSME   Dice
                           el señor diablo muy bien.
                           No la toques,[124] pues no ha sido
                           harpa, laúd,° ni rabel.°   lute, rustic violin

2145   DON MANUEL   Si eres espíritu, agora
                           con la espada lo veré,
                           pues aunque te hiera aquí,
                           no ha de poderte ofender.

     DOÑA ÁNGELA   ¡Ay de mí! Detén la espada,
2150   sangriento, el brazo, detén,
                           que no es bien que des la muerte
                           a una infelice mujer.
                           Yo confieso que lo soy,
                           y aunque es delito el querer,
2155   no delito que merezca
                           morir mal,° por querer bien.   tragically
                           No manches pues, no desdores,[125]
                           con mi sangre el rosicler°   bright red aurora
                           de ese acero.

     DON MANUEL   ¿Di quién eres?

2160   DOÑA ÁNGELA   Fuerza el decirlo ha de ser,
                           porque no puedo llevar
                           tan al fin como pensé
                           este amor, este deseo,
                           esta verdad y esta fe.

---

sogyny that is typical of the **gracioso**.

    124 Cosme plays with the double meaning of the verb **tocar**, meaning both "to touch" and "to play" (a musical instrument).

    125 **No desdores...** *don't take the shine from something*. The meaning can be literal, as Doña Ángela's blood would stain Don Manuel's sword; as well as metaphorical, as the act of a gentleman slaying a woman would stain his honor.

2165   Pero estamos a peligro,
si nos oyen o nos ven,
de la muerte, porque soy
mucho más de lo que ves;
y así, es fuerza por quitar
2170   estorbos que puede haber:
cerrad, señor, esa puerta,
y aun la del portal también,
porque no puedan ver luz,
si a caso vienen a ver
2175   quién anda aquí.

DON MANUEL   Alumbra, Cosme,
cerremos las puertas. ¿Ves
cómo es mujer y no duende?

COSME   ¿Yo no lo dije también?

Vanse los dos.

DOÑA ÁNGELA   Cerrada estoy por defuera.
2180   Ya, cielos, fuerza ha de ser
decir la verdad, supuesto
que me ha cerrado Isabel
y que el huésped me ha cogido
aquí.

Sale ISABEL a la alacena.

ISABEL   ¡Ce,[126] señora, ce!,
2185   tu hermano por ti pregunta.

DOÑA ÁNGELA   Bien sucede, echa el cancel[127]
de la alacena. ¡Ay amor,
la duda se queda en pie!

---

126 **Ce...** *psst.* This is the sound made to call someone's attention.

127 **El cancel...** the inner door of the hutch held up with fake nails
that needs to be closed.

Vanse y cierran la alacena, y vuelven a sa-
lir DON MANUEL *y* COSME.

DON MANUEL　　　Ya están cerradas las puertas.
2190　　　　　　　Proseguid, señora, 'haced
　　　　　　　　relación.° Pero ¿qué es esto?　　　tell me your story
　　　　　　　　¿Dónde está?

COSME　　　　　　　　　　　Pues yo qué sé.

DON MANUEL　　　¿Si se ha entrado en el alcoba?
　　　　　　　　Ve delante.

COSME　　　　　　　　　　Yendo a pie
2195　　　　　　　es, señor, descortesía
　　　　　　　　ir yo delante.

DON MANUEL　　　　　　　　Veré
　　　　　　　　todo el cuarto. Suelta,° digo.　　　let go of me

Tome la luz.

COSME　　　　　　Digo que suelto.

DON MANUEL　　　　　　　　　　Crüel
　　　　　　　　es mi suerte.

COSME　　　　　　　　　　'Aun bien que° agora　　　it's a good thing that
2200　　　　　　　por la puerta no se fue.

DON MANUEL　　　Pues, ¿por dónde pudo irse?

COSME　　　　　　'Eso no alcanzo yo.° Ves,　　　I don't get it
　　　　　　　　siempre te lo he dicho yo,
　　　　　　　　cómo es diablo y no mujer.

2205　　DON MANUEL　　　Vive Dios que he de mirar
　　　　　　　　todo este cuarto, hasta ver
　　　　　　　　si debajo de los cuadros
　　　　　　　　rota está alguna pared;

2210   si encubren estas alfombras

si encubren estas alfombras
alguna cueva y también
las bovedillas[128] del techo.

COSME   Solamente aquí se ve
esta alacena.

DON MANUEL   Por ella
no hay que dudar ni temer,
siempre compuesta de vidrios.
A mirar lo demás ven.

COSME   Yo no soy nada mirón.°   spectator

DON MANUEL   Pues no tengo de creer
que es fantástica° su forma,   imaginary
puesto que llegó a temer
la muerte.

COSME   También llegó
a adivinar y saber,
que a solo verla esta noche
habíamos de volver.

DON MANUEL   Como sombra se mostró,
fantástica° su luz fue,   incredible
pero como cosa humana
se dejó tocar y ver;
como mortal se temió,
receló como mujer,
como ilusión se deshizo,
como fantasma se fue.
Si doy la rienda al discurso,[129]
no sé, ¡vive Dios!, no sé,
ni qué tengo de dudar,

128 **Bovedillas** are vaulted spaces between the beams of the ceiling that are filled with plaster.

129 **Si doy...** *If I give free rein to my reasoning.* Don Manuel is astonished by his senses, which lead him to reason that the apparition is indeed a spirit.

ni qué tengo de creer.

COSME   Yo sí.

DON MANUEL   ¿Qué?

COSME   Que es mujer diablo.
                     Pues que novedad no es,
                     pues la mujer es demonio
                     todo el año, que una vez
                     por desquitarse de tantas
                     sea el demonio mujer.

                     Vanse.

Jornada III

Sale Don Manuel *como a escuras,*
guiándole Isabel.

ISABEL

Espérame en esta sala,
luego saldrá a verte aquí
mi señora.

Vase como cerrando.

2245 DON MANUEL

       No está mala
la tramoya.[130] ¿Cerró? Sí.
¿Qué pena a mi pena iguala?
Yo volví del Escurial,°   = El Escorial
y este encanto peregrino,°   strange
2250 este pasmo° celestial,   awe
que a traerme la luz vino
y me deja en duda igual,
me tiene escrito un papel,
diciendo muy tierna° en él: tenderly
2255 "Si os atrevéis a venir
a verme, habéis de salir
esta noche, sin aquel
crïado que os acompaña.
Dos hombres esperarán
2260 en el cimenterio° (extraña   = cementerio
parte) de San Sebastián,
y una silla."[131] Y no me engaña.
En ella° entré y discurrí°   = silla, wandered about

---

130 **No está...** *this is quite the complicated plot*
131 The two men will carry Don Manuel in this chair through the
paths he describes.

113

I lost my way

2265
hasta que 'el tino perdí,°
y al fin a un portal de horror,
lleno de sombra y temor,
solo y a escuras salí.
Aquí llegó una mujer
(al oír y al parecer)

2270
y a escuras y por el tiento,° — touch
'de aposento en aposento,° — from room to room
sin oír, hablar, ni ver,
me guió. Pero ya veo
luz, por el resquicio° es — gap

2275
de una puerta. Tu deseo
lograste, amor, pues ya ves
la dama. Aventuras[132] leo.

Acecha.° — laying low in waiting

¡Qué casa tan alhajada!° — adorned
¡Qué mujeres tan lucidas!° — beautifully dressed

2280
¡Qué sala tan adornada!
¡Qué damas tan bien prendidas!° — elegantly dressed
¡Qué beldad° tan extremada! — beauty

*Salen todas las mujeres con toallas y con-
servas[133] y agua y, haciendo reverencia[134]
todas, sale DOÑA ÁNGELA ricamente ves-
tida.*

DOÑA ÁNGELA (*Aparte.*) Pues presumen que 'eres ida° — = te has ido
a tu casa mis hermanos,

2285
quedándote aquí escondida,
los recelos serán vanos
porque una vez recogida,
ya no habrá que temer nada.

DOÑA BEATRIZ (*Aparte.*) ¿Y qué ha de ser mi papel?° — role

---

132 These are episodes carried out by the knights of medieval tales.
133 **Conservas** are dried fruits coated with sugar or honey.
134 **Haciendo reverencia** refers to *bowing.*

2290 DOÑA ÁNGELA   (*Aparte.*) Agora el de mi crïada,
                      luego el de ver, retirada,°   from afar
                      lo que me pasa con él.

                      ¿Estaréis muy disgustado
                      de esperarme?

      DON MANUEL   No señora,
2295   que quien espera al aurora,
                      bien sabe que su cuidado°   anxious waiting
                      en las sombras sepultado
                      de la noche obscura y fría
                      ha de tener; y así, hacía
2300   gusto el pensar que pasaba,
                      pues cuanto más le alargaba,
                      tanto más llamaba al día,
                      si bien no era menester°   necessary
                      pasar noche tan obscura,
2305   si el sol de vuestra hermosura
                      me había de amanecer;
                      que para resplandecer°   shine
                      vós, soberano arrebol,[135]
                      la sombra ni el tornasol[136]
2310   de la noche no os había
                      de estorbar;° que sois el día   interrupt
                      que amanece sin el sol.
                      Huye la noche, señora,
                      y pasa a la dulce salva°   birdsong
2315   de los pájaros el alba
                      que ilumina, mas no dora.
                      Después del alba, la aurora,
                      de rayos y luz escasa,
                      dora, mas no abrasa. Pasa
2320   la aurora, y tras su arrebol
                      pasa el sol, y solo el sol,

---

135 **Arrebol** is the the red color that clouds take on at sunset.
136 **Tornasol** usually means *sunflower*, but here it seems to refer to a
type of silk cloth or a dark violet color (Pérez Magallón 236).

dora, ilumina y abrasa.
El alba, para brillar,
quiso a la noche seguir;

2325   la aurora, para lucir,°   shine
al alba quiso imitar;
el sol, deidad singular,
a la aurora desafía;°   competes
vós al sol; luego la fría

2330   noche no era menester,
si podéis amanecer
sol del sol después del día.

DOÑA ÁNGELA   Aunque agradecer debiera
discurso tan cortesano,

2335   quejarme quiero ('no en vano°)   not without reason
de ofensa tan lisonjera;°   flattering
pues no siendo esta la esfera,
a cuyo noble ardimiento°   burning
fatigas padece el viento,

2340   sino un albergue° piadoso,°   humble lodge, welcome
os viene a hacer sospechoso
el mismo encarecimiento.°   exaggerated praise
No soy alba, pues la risa
me falta en contento tanto;

2345   ni aurora, pues que mi llanto
de mi dolor no os avisa.[137]
No soy sol, pues no divisa°   sees
mi luz la verdad que adoro;
y así lo que soy ignoro,°   I don't know

2350   que solo sé que no soy
alba, aurora o sol, pues hoy,
ni alumbro, río,° ni lloro.   laugh
Y así os ruego que digáis,
señor don Manuel, de mí,

2355   que una mujer soy y fui,
a quien vós solo obligáis
al extremo que miráis.

---

137   The aurora's cry is the dew that announces the break of dawn.

DON MANUEL	Muy poco debe de ser;	
	pues, aunque me llego a ver	
2360	aquí, 'os pudiera argüir,°	I assure you
	que tengo más que sentir,°	lament
	señora, que agradecer,	
	y así me doy por sentido.[138]	

DOÑA ÁNGELA   ¿Vós de mí sentido?

DON MANUEL   Sí,

2365   pues que no fiais de mí
quién sois.

DOÑA ÁNGELA   Solamente os pido
que eso no mandéis; que ha sido
imposible de contar.
Si queréis venirme a hablar,
2370   con condición ha de ser
que no la habéis de saber,
ni lo habéis de preguntar;
porque para con vós hoy
una enigma a ser me ofrezco,
2375   que ni soy lo que parezco,
ni parezco lo que soy.
Mientras encubierta estoy
podréis verme y podré veros;
porque si a satisfaceros
2380   llegáis,[139] y quien soy sabéis,
vós quererme no querréis,
aunque yo quiera quereros.
Pincel, que lo muerto informa,[140]

'tal vez° un cuadro previene,   sometimes

2385   que una forma a una luz tiene,
y a otra luz tiene otra forma.
Amor, que es pintor, conforma
dos luces, que en mí tenéis.

---

138   **Me doy...** *I've let my complaint be known*
139   **Satisfaceros llegáis...** *find the answer you seek*
140   **Pincel** refers to a paintbrush that gives form to immaterial things.

2390		Si hoy aquesta luz me veis, y por eso me estimáis, cuando a otra luz me veáis, quizá me aborreceréis. Lo que deciros me importa es en cuanto haber creído	
2395		que de don Luis dama he sido; y esta sospecha reporta° mi juramento, y la acorta.°	restrain cut off its path

DON MANUEL   Pues, ¿qué, señora, os moviera
                a encubriros dél?

DOÑA ÁNGELA   Pudiera
2400   ser tan principal mujer,
                que tuviera qué perder
                si don Luis me conociera.

DON MANUEL   Pues, decidme solamente,   = suite
                ¿cómo a mi casa° pasáis?

2405   DOÑA ÁNGELA   Ni eso es tiempo que sepáis,
                     que es el mismo inconveniente.[141]

DOÑA BEATRIZ   (*Aparte.*) Aquí entro yo lindamente.

                Ya el agua y dulce está aquí.
                Vuecelencia[142] mire si...

                Lleguen todas con toallas, vidrio y   boxes of treats
                algunas cajas.°

2410   DOÑA ÁNGELA   ¡Qué error y qué impertinencia!
                     Necia, ¿quién es Excelencia?
                     ¿Quieres engañar así
                     al señor don Manüel,

---

141 **Es el...** *I cannot say for the same reason*
142 **Vuecelencia = vuestra excelencia.** This is a term reserved for those of high nobility, not a woman of middle nobility like Doña Ángela.

| | para que con eso crea |
| 2415 | que yo gran señora sea? |

DOÑA BEATRIZ   Advierte...

DON MANUEL   (*Aparte.*)   De mi crüel
duda salí con aquel
descuido. Agora he creído,
que una gran señora ha sido,
2420   que, por serlo, se encubrió,
y que con el oro vio
su secreto conseguido.

Llama dentro DON JUAN *y túrbanse° todas.*   become startled

DON JUAN   Abre aquí, abre esta puerta.

DOÑA ÁNGELA   ¡Ay cielos! ¿Qué ruido es este?

2425   ISABEL   (*Aparte.*) Yo soy muerta.

DOÑA BEATRIZ (*Aparte.*)   Helada estoy.

DON MANUEL   (*Aparte.*) ¿Aún no cesan mis crüeles
fortunas?° ¡Válgame el cielo!   luck

DOÑA ÁNGELA   Señor, mi esposo es aqueste.

DON MANUEL   ¿Qué he de hacer?

DOÑA ÁNGELA   Fuerza es que os vais°   = vayáis
2430   a esconderos a un retrete.°   small room
Isabel, llévale tú,
hasta que oculto le dejes
en aquel cuarto que sabes
apartado,° ya me entiendes.[143]   far away

---

143 Doña Ángela refers to Don Manuel's suite in this manner so that he will not realize he is still in Don Juan's house and that she is playing a trick on him.

2435	ISABEL	Vamos presto.

Vase.

DON JUAN   ¿No acabáis
de abrir la puerta?

DON MANUEL   ¡Valedme
cielos, que vida y honor
van jugados a una suerte!

Vase.

DON JUAN   La puerta echaré en el suelo.[144]

2440 DOÑA ÁNGELA   Retírate tú, pues puedes,
en esa cuadra,° Beatriz.   *room within the room*
No te hallen aquí.

Sale DON JUAN.

        ¿Qué quieres
a estas horas en mi cuarto,
que así a alborotarnos° vienes?   *disturb us*

2445 DON JUAN   Respóndeme tú primero,
Ángela, ¿qué traje es ese?[145]

DOÑA ÁNGELA   De mis penas y tristezas
es causa el mirarme siempre
llena de luto,° y vestíme,   *mourning*
2450 por ver si hay con qué me alegre,
estas galas.°   *festive clothing*

DON JUAN   No lo dudo;

144 **La puerta...** *I'll break this door down*
145 **Qué traje...** Don Juan is asking why Doña Ángela is dressed in elegant attire, as opposed to the normal stark widow's garb she is supposed to wear.

que tristezas de mujeres
bien con galas se remedian,
bien con joyas convalecen,°   console themselves
2455   si bien me parece que es
'un cuidado impertinente.°   unnecessary preocupation

DOÑA ÁNGELA   ¿Qué importa que así me vista,
donde nadie llegue a verme?

DON JUAN   Dime, ¿volviose Beatriz
2460   a su casa?

DOÑA ÁNGELA   Y cuerdamente
su padre, por mejor medio,°   remedy
en paz su enojo convierte.

DON JUAN   Yo no quise saber más,
para ir a ver si pudiese
2465   verla y hablarla esta noche.
Quédate con Dios, y advierte°   keep in mind
que 'ya no es tuyo° ese traje.   not fit for a widow

Vase.

DOÑA ÁNGELA   Vaya Dios contigo, y vete.

Sale DOÑA BEATRIZ.

Cierra esa puerta, Beatriz.

2470   DOÑA BEATRIZ   Bien hemos salido deste
susto. A buscarme tu hermano
va.

DOÑA ÁNGELA   Ya hasta que 'se sosiegue°   calms down
más la casa, y don Manuel
vuelva de su cuarto a verme,
2475   para ser menos sentidas,°   heard
entremos a este retrete.

DOÑA BEATRIZ	Si esto te sucede bien te llaman la Dama Duende.

Salen por el alacena DON MANUEL y ISA-
BEL.

ISABEL	Aquí[146] has de quedarte; y mira que no hagas ruido, que pueden sentirte.
DON MANUEL	Un mármol seré.
ISABEL	(*Aparte.*) Quieran los cielos que acierte acertar, que estoy turbada.

Vase.

DON MANUEL	¡Oh, a cuánto, cielos, se atreve quien se atreve a entrar en parte donde ni alcanza ni entiende qué daños se le aperciben, qué riesgos se le previenen! Venme aquí, a mí, en una casa que dueño tan noble tiene (de Excelencia por lo menos) lleno de asombros° crüeles, confusion y tan lejos de la mía. Pero, ¿qué es esto? Parece que a esta parte alguna puerta abren. Sí, y ha entrado gente.

Sale COSME.

COSME	Gracias a Dios que esta noche entrar podré libremente en mi aposento, sin miedo, aunque sin luz salga y entre;

---

146 Isabel has led Don Manuel back to his room as Doña Ángela
instructed him to do earlier, but he does not know it yet.

porque el duende mi señor,
puesto que a mi amo tiene,
¿para qué me quiere a mí?
Pero para algo me quiere.

'Topa con° DON MANUEL.   bumps into

2505   ¿Quién va? ¿Quién es?

DON MANUEL   Calle,° digo, quiet
quienquiera que es,[147] si no quiere
que le mate a puñaladas.° slashings

COSME No hablaré más que un pariente
pobre en la casa del rico.

2510 DON MANUEL (*Aparte.*) Crïado sin duda es este,
que acaso° ha entrado hasta aquí. by chance
Dél informarme conviene
dónde estoy.

      Di, ¿qué casa
es esta y qué dueño tiene?

2515 COSME Señor, el dueño y la casa
son el diablo que me lleve,[148]
porque aquí vive una dama,
que llaman la Dama Duende,
que es un demonio en figura
2520 de mujer.

DON MANUEL Y tú, ¿quién eres?

COSME Soy un fámulo° o crïado, servant
soy un súbdito, un sirviente,
que 'sin qué, ni para qué,° without reason
estos encantos padece.° suffer

---

147 Don Manuel and Cosme do not recognize each other in the dark.
148 **El dueño...** *where nothing goes right*

2525	DON MANUEL	Y, ¿quién es tu amo?

COSME   Es
un loco, un impertinente,
un tonto, un simple, un menguado,°   idiot
que por tal dama se pierde.°   is crazy about

DON MANUEL   Y ¿es su nombre?

COSME   Don Manuel
2530   Enríquez.

DON MANUEL   ¡Jesús mil veces!

COSME   Yo Cosme Catiboratos[149]
me llamo.

DON MANUEL   Cosme, ¿tú eres?
Pues, ¿cómo has entrado aquí?
Tu señor soy. Dime, ¿vienes
2535   siguiéndome tras la silla?[150]
¿Entraste tras mí a esconderte
también en este aposento?

COSME   ¡'Lindo desenfado° es ese!   very funny!
Dime, ¿cómo estás aquí?
2540   ¿No te fuiste muy valiente
solo donde te esperaban?
Pues, ¿cómo tan presto vuelves?
Y, ¿cómo, en fin, has entrado
aquí, trayendo yo siempre
2545   la llave de aqueste cuarto?

DON MANUEL   Pues dime, ¿qué cuarto es este?

---

149 Pérez Magallón identifies this fake surname in other Spanish plays of the time and shares David Kossof's hypothesis that it sounds like **mira, cata el borracho** (250).

150 **Silla** is the chair in which he was carried to Doña Ángela's room.

COSME	El tuyo o el del demonio.	
DON MANUEL	¡Viven los cielos que mientes!,	
	porque lejos de mi casa,	
2550	y en casa bien diferente	
	estaba en aqueste instante.	
COSME	Pues cosas serán del duende,	
	sin duda, porque te he dicho	
	la verdad pura.	
DON MANUEL	¡Tú quieres	
2555	que 'pierda el juicio!°	to lose my mind
COSME	¿Hay más	
	de desengañarte? Vete	
	por esa puerta y saldrás	
	al portal, a donde puedes	
	desengañarte.°	see for yourself
DON MANUEL	Bien dices.	
2560 | Iré a examinarle y verle. | |

Vase.

| COSME | Señores,° ¿cuándo saldremos | = audience |
| | de tanto embuste° aparente? | trickery |

Sale ISABEL por la alacena.

| ISABEL | (*Aparte.*) Volviose a salir don Juan; | |
| | y porque a saber no llegue | |
2565 | don Manuel a dónde está, | |
	sacarle de aquí conviene.	
	Ce, señor, ce.	
COSME	(*Aparte.*) Esto es peor.	
	Ceáticas¹⁵¹ son estas ces.	

---

151 Cosme's humorous neologism combines the sound **ce** that Isa-

ISABEL	Ya mi señor recogido queda.
COSME	(*Aparte.*) ¿Qué señor es este?

Sale DON MANUEL.

DON MANUEL	Este es mi cuarto en efeto.
ISABEL	¿Eres tú?
COSME	Sí, yo soy.
ISABEL	Vente conmigo.
DON MANUEL	Tú dices bien.
ISABEL	No hay que temer. Nada esperes.
COSME	Señor, que el duende me lleva.[152]

Llévale ISABEL.

DON MANUEL	¿No sabremos finalmente de dónde nace este engaño? ¿No respondes? ¡Qué necio eres! ¡Cosme, Cosme! Vive el cielo, que toco con las paredes. ¿Yo no hablaba aquí con él? ¿Dónde se desaparece tan presto? ¿No estaba aquí? Yo he de perder dignamente° *truly*

---

bel makes in order to capture his attention and the word **ciática/ceática**, which is an illness that causes pain (Pérez Magallón 251).

152 Remember that the action supposedly transpires in the dark. For this reason Isabel mistakes Cosme, who is next to the hutch, for his master, who is still in the moment of confirming that he is indeed back in his room (probably on the other side of the stage).

2585

el juicio, mas, pues es fuerza
que aquí otro cualquiera entre,
he de averiguar por dónde;
porque tengo de esconderme
en esta alcoba, y estar

2590

esperando atentamente,
hasta averiguar quién es
esta hermosa Dama Duende.

*Vase y salen todas las mujeres, una con lu-
ces y otra con algunas cajas y otra con un
vidrio° de agua.*[153]   pitcher

DOÑA ÁNGELA   Pues a buscarte ha salido
mi hermano, y pues Isabel

2595

a su mismo cuarto° ha ido   = Don Manuel's suite
a traer a don Manuel,
esté todo apercebido.°   in order (= **apercibido**)
Halle,° cuando llegue aquí,   let him find
la colación° prevenida.   treats

2600

Todas le esperad así.

DOÑA BEATRIZ   No he visto en toda mi vida
igual cuento.

DOÑA ÁNGELA   ¿Viene?

CRIADA   Sí,
que ya siento sus pisadas.°   footsteps

*Sale ISABEL trayendo a COSME de la
mano.*

COSME   (*Aparte.*) Triste de mí, ¿dónde voy?

2605

Ya estas son burlas pesadas.
Mas no, pues mirando estoy
bellezas tan extremadas.°   exquisite
¿Yo soy Cosme o Amadís?

---

153   We are now back in Doña Ángela's room.

¿Soy Cosmico o Belianís?[154]

2610   ISABEL   Ya viene aquí. Mas, ¿qué veo?
                     ¡Señor!

       COSME   (*Aparte.*) Ya mi engaño creo,
                     pues 'tengo el alma en un tris.°   I'm done for

       DOÑA ÁNGELA   ¿Qué es esto, Isabel?

       ISABEL   Señora,
                     donde a don Manuel dejé,
2615   volviendo por él agora
                     a su crïado encontré.

       DOÑA BEATRIZ Mal tu descuido se dora.[155]

       ISABEL   Está° sin luz.   = Don Manuel's suite

       DOÑA ÁNGELA   ¡Ay de mí!
                     ¡Todo está ya declarado!

2620   DOÑA BEATRIZ Más vale engañarle así:
                     ¿Cosme?

       COSME   ¿Damiana?[156]

       DOÑA BEATRIZ   A este lado
                     llegad.

       COSME   Bien estoy aquí.

       DOÑA ÁNGELA   Llegad, no tengáis temor.

---

154 Amadís and Belianís are famous knights of the popular books
Amadís de Gaula and *Belanís de Grecia*, respectively. The **gracioso** often
imitates the actions of his master in a humorous way.

155 **Mal tu…** *our error is going to do us in*

156 **Damiana** is the feminine form of Damián, twin of saint Cosme
with whom he was martyred.

COSME   ¿Un hombre de mi valor,
                       temor?

DOÑA ÁNGELA   Pues, ¿qué es no llegar?

COSME   *(Aparte y lléguese a ellas.)*
                       Ya no se puede excusar,
                       en llegando al pundonor.°   pride

                       Respeto no puede ser,
                       sin ser espanto ni miedo,
                       porque al mismo Lucifer
                       temerle muy poco puedo
                       en hábito de mujer.
                       Alguna vez lo intentó,
                       y para 'el ardid que fragua,°   the trick he plotted
                       cota° y nagua° se vistió   corset, underskirt
                       (que esto de cotilla y nagua
                       el demonio lo inventó[157]).
                       En forma de una doncella,
                       aseada,° rica y bella,   well dressed
                       a un pastor° se apareció,   shepherd
                       y él, así como la vio,
                       se encendió en amores della.
                       Gozó° a la diabla y después   had sex with
                       con su forma horrible y fea
                       le dijo 'a voces:° "¿No ves,   loudly
                       mísero de ti, cuál sea
                       'desde el copete a los pies°   from head to toe
                       la hermosura que has amado?
                       Desespera,° pues has sido   take your life
                       agresor° de tal pecado°."   the guilty one, sin
                       Y él, menos arrepentido
                       que antes de haberla gozado,
                       le dijo: "Si pretendiste,
                       ¡oh sombra fingida y vana!,
                       que desesperase un triste,

---

157 The **cotilla** and **naguas (enaguas)** were believed by some to be
sexually provocative.

vente por acá mañana
en la forma que trujiste;
verasme amante y cortés,
no menos que antes, después,

2660   y aguardarte;° en testimonio   waiting for you
de que aun horrible no es
en traje de hembra° un demonio."   woman

DOÑA ÁNGELA   Volved en vós, y tomad
una conserva y bebed,

2665   que los sustos causan sed.

COSME   Yo no la tengo.

DOÑA BEATRIZ   Llegad;
que habéis de volver, mirad,
docientas leguas de aquí.[158]

COSME   Cielos, ¿qué oigo?

DOÑA ÁNGELA   ¿Llaman?

DOÑA BEATRIZ   Sí.

2670   ISABEL   ¡Hay tormento más crüel!

DOÑA ÁNGELA   ¡Ay de mí triste!

DON LUIS   *(Dentro.)*   ¡Isabel!

DOÑA BEATRIZ   ¡Válgame el cielo!

DON LUIS   *(Dentro.)*   ¡Abre aquí!

DOÑA ÁNGELA   Para cada susto tengo
un hermano.

---

158 Doña Beatriz reinforces Cosme's superstitious belief that he has
been transported to an infernal realm by telling him he has traveled "two-
hundred leagues" from his room.

| ISABEL | ¡Trance° fuerte! | bind |

2675 DOÑA BEATRIZ   Yo me escondo.

Vase.

COSME   Este, sin duda,
es el verdadero duende.

ISABEL   Vente conmigo.

COSME   Sí haré.

Vanse.[159]

Sale DON LUIS.

DOÑA ÁNGELA   ¿Qué es lo que en mi cuarto quieres?

DON LUIS   Pesares míos me traen
2680   a estorbar otros placeres.
Vi ya tarde en ese cuarto
una silla,° donde vuelve   = Don Manuel's chair
Beatriz, y vi que mi hermano
entró.

DOÑA ÁNGELA   Y en fin, ¿qué pretendes?°   what do you want?

2685 DON LUIS   Como pisa sobre el mío,[160]
me pareció que había gente,
y para desengañarme,°   see for myself
solo he de mirarle y verle.

Alza una antepuerta[161] *y topa con BEATRIZ.*

---

159 Isabel and Cosme hide behind the door that leads to Don Manuel's suite.

160 This line suggests that Doña Ángela's room is above the main floor of the house and Don Luis's is below.

161 Don Luis raises a curtain (**antepuerta**) that is placed in front of the door.

¡Beatriz! ¿Aquí estás?

DOÑA BEATRIZ   Aquí
2690   estoy; que hube de volverme,
         porque al disgusto volvió
         mi padre, enojado siempre.

DON LUIS   Turbadas estáis las dos.
             ¿Qué notable estrago° es este   mess
2695   de platos, dulces y vidrios?

DOÑA ÁNGELA ¿Para qué informarte quieres
             de lo que, en estando a solas,
             se entretienen las mujeres?

Hacen ruido en la alacena ISABEL y COSME.

DON LUIS   Y aquel ruido, ¿qué es?

DOÑA ÁNGELA *(Aparte.)*   Yo muero.

2700 DON LUIS   ¡Vive Dios que allí anda gente!
             Ya no puede ser mi hermano
             quien se guarda° desta suerte.   hides

Aparta la alacena para entrar con luz.

             ¡Ay de mí, cielos piadosos!
             que queriendo neciamente
2705   estorbar aquí los celos
         que amor en mi pecho enciende,
         celos de honor averiguo.
         Luz tomaré, aunque imprudente,
         pues todo se halla con luz,
2710   y el honor con luz se pierde.

Vase.

DOÑA ÁNGELA ¡Ay Beatriz, perdidas somos

si le° topa!   = Don Manuel

DOÑA BEATRIZ   Si le tiene
                 en su cuarto ya Isabel,
                 en vano dudas y temes,
2715   pues te asegura el secreto
                 de la alacena.

DOÑA ÁNGELA   ¿Y si fuese
                 tal mi desdicha, que allí
                 con la turbación no hubiese
                 cerrado bien Isabel,
2720   y él entrase allá?[162]

DOÑA BEATRIZ   Ponerte
                 en salvo será importante.

DOÑA ÁNGELA   De tu padre iré a valerme,[163]
                 como él se valió de mí,
                 porque trocada° la suerte,   reversed
2725   si a ti te trujo un pesar,
                 a mí otro pesar me lleve.

                 Salen por el alacena ISABEL *y* COSME *y*
                 por otra parte DON MANUEL.

ISABEL   Entra presto.

                 Vase.

DON MANUEL   Ya otra vez
                 en la cuadra siento gente.

                 Sale DON LUIS *con luz.*

---

162 Indeed, the startling sound that Don Luis heard appears to have
been caused by Isabel, who was having trouble securing the hutch back
in its place. This will be confirmed soon when Don Luis finds the secret
door to Don Manuel's room ajar after he leaves his sister's chambers. Doña
Ángela's fear of being caught, therefore, is completely justified.

163 **De tu...** *I will run to your father's house for protection*

DON LUIS   Yo vi un hombre, ¡vive Dios!

2730   COSME   Malo es esto.

DON LUIS   ¿Cómo tienen
desviada° esta alacena?   out of its place

COSME   Ya se ve luz. Un bufete
que he topado aquí me valga.

Escóndese.

DON MANUEL   Esto ha de ser desta suerte.

Echa mano.

2735   DON LUIS   ¡Don Manuel!

DON MANUEL   ¡Don Luis! ¿Qué es esto?
(Aparte.) ¿Quién vio confusión más fuerte?

COSME   *(Aparte.)* ¡Oigan por dónde se entró!¹⁶⁴
Decirlo quise mil veces.

DON LUIS   Mal caballero, villano,
2740   traidor, fementido° huésped,   disrespectful
que al honor de quien te estima,
'te ampara, te favorece,°   protects and supports
'sin recato° te aventuras   dishonestly
y 'sin decoro° te atreves,   shamelessly
2745   ¡'esgrime ese infame acero!°   draw your miserable
                                                  sword

DON MANUEL   Solo para defenderme
le esgrimiré, tan confuso
de oírte, escucharte y verte,
de oírme, verme y escucharme,

---

164 Key moment when Cosme discovers that the hutch serves as a secret door.

2750 que aunque a matarme te ofreces,°   prepare
no podrás, porque mi vida,
hecha a prueba de crüeles
fortunas, es inmortal.
Ni podrás, aunque lo intentes,
2755 darme la muerte, supuesto
que el dolor no me da muerte;
que, aunque eres valiente tú,
es el dolor más valiente.

DON LUIS   No con razones me venzas,
2760 sino con obras.

DON MANUEL   Detente
solo hasta pensar si puedo,
don Lüis, satisfacerte.°   explain myself

DON LUIS   ¿Qué satisfaciones hay,
si así agraviarme pretendes?
2765 Si en el cuarto de esa fiera,°   = Doña Ángela
por ese paso° que tienes,   passage
entras, ¿hay satisfaciones
a tanto agravio?

DON MANUEL   Mil veces
rompa esa espada mi pecho,
2770 don Luis, si eternamente°   nunca
supe desta puerta o supe
que paso a otro cuarto tiene.

DON LUIS   Pues, ¿qué haces aquí encerrado
sin luz?

DON MANUEL   (*Aparte.*) ¿Qué he de responderle?

2775 Un crïado espero.

DON LUIS   Cuando
yo te he visto esconder, ¿quieres
que mientan mis ojos?

DON MANUEL　　　　　　　　　　Sí,
que ellos engaños padecen
más que otro sentido.

DON LUIS　　　　　　　　　　　Y cuando
2780　　　　los ojos mientan, ¿pretendes
que también mienta el oído?

DON MANUEL　También.

DON LUIS　　　　　　Todos al fin mienten.
Tú solo dices verdad,
y eres tú solo el que...¹⁶⁵

DON MANUEL　　　　　　　¡Tente!°　　　　　　　stop
2785　　　porque aun antes que lo digas,
que lo imagines y pienses,
te habré quitado la vida.
Y 'ya arrestada la suerte,°　　　　　now the die is cast
'primero soy yo,° perdonen　　　　　honor before all else
2790　　　de amistad honrosas leyes.
Y pues ya es fuerza reñir,°　　　　　fight
riñamos como se debe.
Parte entre los dos la luz,
que nos alumbre igualmente.
2795　　　Cierra después esa puerta
por donde entraste imprudente,
mientras que yo cierro estotra,°　　　= esa otra
y agora en el suelo se eche
la llave, para que salga
2800　　　el que con la vida quede.

DON LUIS　　Yo cerraré la alacena
por aquí con un bufete,
porque no puedan abrirla
por allá, cuando lo intenten.

165　Don Luis is about to call Don Manuel a liar once again.

Topa con COSME.

2805	COSME	(*Aparte.*) Descubriose la tramoya.

DON LUIS   ¿Quién está aquí?

DON MANUEL   (*Aparte.*)   Dura suerte
es la mía.

COSME   No está nadie.

DON LUIS   Dime, don Manuel, ¿es este
el crïado que esperabas?

2810   DON MANUEL   ¡Ya no es tiempo de hablar este!
Yo sé que tengo razón.
Creed de mí lo que quisiereis,
que con la espada en la mano
solo ha de vivir quien vence.

2815   DON LUIS   ¡Ea pues, reñid los dos!°   = Don Manuel and
¿Qué esperáis?   Cosme

DON MANUEL   Mucho me ofendes,
si eso presumes de mí.
Pensando estoy qué ha de hacerse
del crïado; porque echarle,
2820   es envïar quien lo cuente,
y tenerle aquí, ventaja,
pues es cierto ha de ponerse
a mi lado.

COSME   No haré tal,
si es ese el inconveniente.

2825   DON LUIS   Puerta tiene aquesa alcoba,°   adjoining room
y como en ella se cierre,[166]
quedaremos más iguales.

---

166 **Como en...** *if we lock ourselves in it*

DON MANUEL   Dices bien, entra a esconderte.

COSME   Para que yo riña, haced
2830   diligencias tan urgentes;
               que para que yo no riña,
               cuidado escusado es ese.

               Vase.

DON MANUEL   Ya estamos solos los dos.

               Riñen.

DON LUIS   Pues nuestro duelo comience.

2835 DON MANUEL   (*Aparte.*) ¡No vi más templado pulso!

               'Desguarnécese la espada.°   knocks the sword from
                                                    his hand
DON LUIS   (*Aparte.*) ¡No vi pujanza° más fuerte!   vigor
               Sin armas estoy. Mi espada
               se desarma y desguarnece.°   renders me defenseless

DON MANUEL   No es defecto de valor,
2840   'de la fortuna accidente.°   a stroke of luck
               Sí. Busca otra espada, pues.

DON LUIS   Eres cortés y valiente.
               (*Aparte.*) Fortuna, ¿qué debo hacer
               en una ocasión tan fuerte,°   grave
2845   pues, cuando el honor me quita,
               me da la vida y me vence?
               Yo he de buscar ocasión
               verdadera, o aparente,
               para que pueda en tal duda
2850   pensar lo que debe hacerse.

DON MANUEL   ¿No vas por la espada?

DON LUIS   Sí;

| | y 'como a que venga esperes,° | since you are waiting |
| | presto volveré con ella. | for me |

DON MANUEL   Presto o tarde, aquí estoy siempre.

2855   **DON LUIS**   A Dios don Manuel, que os guarde.

Vase.

DON MANUEL   A Dios, que con bien os lleve.
Cierro la puerta, y la llave
quito porque no se eche
de ver que está gente aquí.
2860   ¡Qué confusos pareceres°   appearances
mi pensamiento combaten
y mi discurso° revuelven!   reason
¡Qué bien predije que había
puerta que 'paso la hiciese,°   would let her out
2865   y que era de don Luis dama!
Todo en efeto sucede
como yo lo imaginé.
Mas, ¿cuándo desdichas mienten?

Asómase COSME en lo alto.°   upper level of stage

COSME   ¡Ah señor! Por vida tuya,
2870   que lo que solo estuvieres
me eches allá,[167] porque temo
que venga a buscarme el duende
con sus 'dares y tomares,°   givings and takings
con sus 'dimes y diretes,°   arguments
2875   en un retrete 'que apenas
se divisan las paredes.°   in the dark

DON MANUEL   Yo te abriré, porque estoy
tan rendido a los desdenes
del discurso, que no hay

---

167 Pérez Magallón interprets this phrase as **me permitas volver
contigo** (269).

2880   cosa que más me atormente.

Vase, y salen DON JUAN *y* DOÑA ÁNGELA
con manto° y sin chapines.°   shawl, type of shoe

DON JUAN   Aquí° quedarás en tanto   = Don Manuel's suite
               que me informe y me aconseje
               de la causa que a estas horas
               te ha sacado desta suerte
2885   de casa; porque no quiero
               que en tu cuarto, ingrata, entres,
               por informarme sin ti
               de lo que a ti te sucede.
               (*Aparte.*) De don Manuel en el cuarto
2890   la dejo, y por si él viniere,
               pondré a la puerta un crïado
               que le diga que no entre.

Vase.

DOÑA ÁNGELA   ¡Ay infelice de mí!
               Unas a otras suceden
2895   mis desdichas. ¡Muerta soy!

Salen[168] DON MANUEL *y* COSME.

COSME   Salgamos presto.

DON MANUEL   ¿Qué temes?

COSME   Que es demonio esta mujer,
               y que aun allí no me deje.

DON MANUEL   Si ya sabemos quién es,
2900   y en una puerta un bufete,
               y en otra la llave está,
               ¿por dónde quieres que entre?

---

168 Don Manuel and Cosme come out of the **alcoba** to the main room of Don Manuel's suite where Don Juan has just left Doña Ángela.

COSME   'Por donde se le antojare.°   wherever she pleases

DON MANUEL   Necio estás.

COSME   ¡Jesús mil veces!

2905   DON MANUEL   ¿Por qué es eso?

COSME   El '*verbi gratia*°   "por ejemplo"
                                    'encaja aquí lindamente.¹⁶⁹

DON MANUEL   ¿Eres ilusión o sombra,
                            mujer que a matarme° vienes?   disturb me
                            Pues, ¿cómo has entrado aquí?

2910   DOÑA ÁNGELA   Don Manuel...

DON MANUEL   Di.

DOÑA ÁNGELA   ... escucha, atiende.
                            Llamó don Luis turbado,
                            entró atrevido, reportose osado,¹⁷⁰
                            prevínose prudente,
                            pensó discreto y resistió valiente;
2915   miró la casa ciego,
                            recorriola advertido, hallote, y luego
                            ruido de cuchilladas°   sword fight
                            habló, siendo las lenguas las espadas.
                            Yo, viendo que era fuerza
2920   que dos hombres cerrados,° a quien fuerza   locked in a room
                            su valor y su agravio,
                            retórico el acero,¹⁷¹ mudo el labio,
                            no acaban de otra suerte
                            que con solo una vida y una muerte,
2925   sin ser vida ni alma,

---

169 **Encaja aquí...** *applies perfectly here.* Cosme has just seen what he
fears: the **dama duende** in the room.

170 **Reportose osado...** *he controlled himself even in his boldness*

171 **Retórico el...** *the sword doing the talking*

mi casa dejo, y a la obscura calma
de la tiniebla° fría,   darkness
pálida imagen de la dicha mía,
a caminar empiezo.
2930 Aquí yerro,° aquí caigo, aquí tropiezo   I took a wrong turn
y, torpes mis sentidos,
prisión hallan de seda mis vestidos.[172]
Sola, triste y turbada,
llego de mi discurso mal guïada
2935 al umbral de una esfera[173]
que fue mi cárcel, cuando 'ser debiera°   should have been
mi puerto o mi sagrado,°   sanctuary
(mas, ¿dónde le ha de hallar un desdichado?),
estaba a sus umbrales
2940 (como eslabona el cielo nuestros males[174])
don Juan, don Juan mi hermano...
(que ya resisto, ya defiendo en vano
decir quién soy, supuesto
que el haberlo callado nos ha puesto
2945 en riesgo tan extraño).
(¿Quién creerá que el callar me ha hecho daño,
siendo mujer? Y es cierto,
siendo mujer, que por callar me he muerto).
En fin, él esperando
2950 a esta puerta estaba, ¡ay cielo!, cuando
yo a sus umbrales llego,
hecha volcán de nieve, Alpe de fuego.
Él, a la luz escasa
con que la luna mansamente° abrasa,   softly
2955 vio brillar los adornos° de mi pecho,   jewels
(no es la primer traición que nos ha hecho)
y escuchó de las ropas el ruido,
(no es la primera° que nos han vendido).   = vez
Pensó que era su dama,
2960 y llegó mariposa de su llama°   flame
para abrasarse en ella,

---

172 Doña Ángela refers to her widow's dress as a silk (**seda**) prison.
173 **Al umbral...** *to the door of Beatriz's house*
174 **Como eslabona...** *how the heavens have brought together so many
troubles.*

y hallome a mí por sombra de su estrella.
¿Quién de un galán creyera
que buscando sus celos conociera
2965 tan contrarios los cielos,
que ya se contentara con sus celos?
Quiso hablarme y no pudo,
que siempre ha sido el sentimiento° mudo.   suffering
En fin en tristes voces,
2970 que mal formadas anegó° veloces   flooded
desde la lengua al labio,
la causa solicita de su agravio.
Yo responderle intento,
ya he dicho cómo es mudo el sentimiento,
2975 y aunque quise no pude,
que mal al miedo la razón acude,[175]
si bien busqué colores° a mi culpa.   reasons
Mas cuando anda a buscarse la disculpa,
o tarde o nunca llega.
2980 Más el delito° afirma que le niega.   crime
"Ven—dijo—hermana fiera,
de nuestro antiguo honor mancha primera;
dejarete encerrada
donde segura estés, y retirada,
2985 hasta que cuerdo y sabio
de la ocasión me informe de mi agravio."
Entré donde los cielos
mejoraron con verte mis desvelos.°   worries
Por haberte querido,
2990 fingida sombra° de mi casa he sido;   phantom
por haberte estimado,
sepulcro vivo fui de mi cuidado;[176]
porque no te quisiera,
quien el respeto a tu valor perdiera;
2995 porque no te estimara,
quien su traición° dijera cara a cara.   betrayal
Mi intento fue el quererte,

---

175 **Que mal...** *fear is irrational*
176 **Sepulcro vivo...** *I was silent as the grave about the suffering my love caused me*

mi fin amarte, mi temor perderte,
mi miedo asegurarte,°   *keep you out of danger*
mi vida obedecerte, mi alma amarte,
mi deseo servirte
y mi llanto,° en efeto,° persuadirte   *cry, finally*
que mi daño repares,
que me valgas, me ayudes y me ampares.

DON MANUEL   (*Aparte.*) Hidras parecen las desdichas mías,
al renacer de sus cenizas frías.[177]
¿Qué haré en tan ciego abismo,
humano laberinto de mí mismo?
Hermana es de don Luis, cuando creía
que era dama. Si tanto, ¡ay Dios!, sentía
ofendelle en el gusto,
¿qué será en el honor? ¡Tormento injusto!
Su hermana es. Si pretendo
librarla y con mi sangre la defiendo,
remitiendo a mi acero su disculpa,
es ya mayor mi culpa,
pues es decir que he sido
traidor y que a su casa he ofendido,
pues en ella me halla.
Pues querer disculparme con culpalla,
es decir que ella tiene
la culpa, y a mi honor no le conviene.
Pues, ¿qué es lo que pretendo?
Si es hacerme traidor, si la defiendo;
si la dejo, villano;
si la guardo, mal huésped; inhumano,
si a su hermano la entrego;
soy mal amigo, si a aguardarla llego;
ingrato, si la libro, a un noble trato,
y si la dejo, a un noble amor, ingrato.
Pues de cualquier manera
mal puesto he de quedar, matando muera.)
'No receles,° señora;   *don't worry*

---

177 Refers to the Phoenix, a mythological bird that is reborn from its ashes.

noble soy y conmigo estás ahora.

3035 COSME   La puerta abren.

DON MANUEL   'Nada temas,°   fear not
pues que mi valor te guarda.

DOÑA ÁNGELA   Mi hermano es.

DON MANUEL   Segura estás.
Ponte luego a mis espaldas.

Sale DON LUIS.

DON LUIS   Ya vuelvo. Pero, ¿qué miro?
3040   ¡Traidora!

Amenázala.

DON MANUEL   Tened la espada,[178]
señor don Luis. Yo os he estado
esperando en esta sala
desde que os fuisteis, y aquí
(sin saber cómo) esta dama
3045   entró, que es hermana vuestra,
(según dice); que palabra
os doy como caballero
que no la conozco; y basta
decir que engañado pude,
3050   sin saber a quién, hablarla.
Yo la he de poner en salvo,
a riesgo de vida y alma,
de suerte que nuestro duelo,
que había a puerta cerrada
3055   de acabarse entre los dos,
a ser escándalo pasa
de todo el lugar si aquí
no 'me hacéis puerta franca.°   open the door

---

178 **Tened la...** *before you draw your sword*

En habiéndola librado,
3060   yo volveré a la demanda°   undertaking
de nuestra pendencia y, pues
en quien sustenta su fama,
espada y honor han sido
armas de más importancia,
3065   dejadme ir vós por honor,
pues yo os dejé ir por espada.[179]

DON LUIS   Yo fui por ella, mas solo
para volver a postrarla
a vuestros pies; y cumpliendo
3070   con la obligación pasada
en que entonces me pusisteis,
pues que me dais nueva causa,
puedo ya reñir de nuevo.
Esa mujer es mi hermana;
3075   no la ha de llevar ninguno
a mis ojos, de su casa,
sin ser su marido. Así,
si 'os empeñáis a° llevarla,   insist on
con la mano podrá ser,
3080   pues con aquesa palabra°   marriage proposal
podéis llevarla y volver,
si queréis, a la demanda.

DON MANUEL   Volveré; pero advertido
de tu prudencia y constancia,
3085   a solo echarme a esos pies.

DON LUIS   Alza del suelo, levanta.

DON MANUEL   Y para cumplir mejor
con la obligación jurada,
a tu hermana doy la mano.

---

179   Don Manuel asks Don Luis to let him leave so that he may save his honor, much like when he himself let Don Luis leave the duel earlier to fetch his sword.

*Salen por una puerta Doña Beatriz y
Isabel, y por otra Don Juan.*

3090	Don Juan	Si solo el padrino° falta,
		aquí estoy yo; que viniendo
		a donde dejé a mi hermana,
		el oíros me detuvo
		no saliera las desgracias,
3095		como he salido a los gustos.

best man

Doña Beatriz   Y pues con ellos se acaban,
no se acaben sin terceros.

Don Juan   Pues, ¿tú, Beatriz, en mi casa?

Doña Beatriz   Nunca salí della. Luego
3100   te podré decir la causa.

Don Juan   Logremos esta ocasión,
pues tan a voces nos llama.

Cosme   ¡Gracias a Dios, que ya el duende
se declaró! Dime, ¿estaba
3105   borracho?

Don Manuel   Si no lo estás,
hoy con Isabel te casas.

Cosme   Para estarlo fuera eso,
mas no puedo.

Isabel   ¿Por qué causa?

Cosme   Por no malograr° el tiempo   spoil
3110   que en estas cosas se gasta,
pudiéndolo aprovechar
en pedir de nuestras faltas
perdón, humilde el autor
os le pide a vuestras plantas.°   feet

Spanish-English Glossary

A

abismo abyss (II)
aborrecer to abhor (II, III)
abrasar to burn (II, III)
acaso by chance (I)
acechar to lurk (III)
acero steel (fig. sword) (I, II, III)
acertar to get right (I)
aconsejar to advise (III)
acortar to shorten, cut off one's path (III)
acudir to come to (III)
aderezar to tidy up (I)
adherentes personal belongings (I)
admitir to allow (I)
advertir to warn (I)
afán desire (II)
afecto passion, inclination (II)
afrentar insult (I)
agora (ahora) now (I, II, III)
agradar to please (I)
agradecer to be thankful for (I)
agravio offense (II, III)
agujero hole (I)
airoso,-a elegant (I)
ajeno,-a belonging to others (I)
alabar to praise (I, II)
alacena cupboard, pantry (I, II, III)
alarde boastful display (I)
alba dawn (III)
albedrío will (II)
albergue humble lodge (III)
alborotar to disturb (II, III)
alcanzar to reach (II)
alcoba bedroom (III)

aldaba latch (I)
alférez second lieutenant (I)
alhajas jewelry (I, III)
alma soul (I)
almoneda auction (I)
alumbrar to give off light (I, II, III)
alzador curling iron (I)
amante lover (I)
amenazar to threaten (II)
amistad friendship (I)
amo master (I, II, III)
amortajar to shroud (I)
amparar to provide shelter or protection to someone (I, II, III)
anaquel shelf (I)
apagar to turn off, put out a light (II)
apartar to get out of the way (I)
apearse to get off something (I)
aposentar to provide lodging to someone (I)
aposento room (II, III)
ardid trick (III)
arrastrar to drag (II, III)
arrepentirse to repent (III)
asegurar to assure (I)
asir to seize (II)
asustar to scare (I)
atreverse to dare to do something, to be brave enough (I, II, III)
atropellar to run over, to knock down (I)
ausentar to be absent (II)
autores authorities (I)
averiguar to find out (I, III)

avisar to warn (I)
ayunar to fast (II)
azafate basket (I, II)

B

bajeza lowliness, insulting (I)
bandera flag (I)
bastante sufficient (I, II, III)
bautismo baptism (I)
beato,-a pious (I)
beldad beauty (II, III)
bizarría bravery (I)
bizarro,-a beautiful, elegant, brave (I)
bobería foolishness (I)
borrego sheep (I)
brasero coal stove (I)
brío exuberance, valor (I)
brujo,-a wizard, witch (I)
bufete portable table (II, III)
burla prank (I, II, III)
burlón/a joker (I)

C

cabal exact, precise (I)
caballero gentleman (I)
cabello hair (II)
caber to fit (I)
camarada comrade (I)
carbón coal (I, II)
castigar to punish (I)
cautela ruse (I); cleverness (II)
cédula bond (I)
celar to watch over (I, III)
celos jealousy (I, II, III)
ceñir to gird the sword (I)
cerilla long candle (II)
cesar to cease, stop (I, III)
ciego,-a blind (I)
clavo nail (tool) (I)
cobarde coward (I, II)
comedia theatrical play (I)
componer to compose, get in order (I)
concepto message (II)

conjurar to conjure (I)
consolar to console (I)
convidar to invite (II)
copete quaff (I)
corte (f) royal court (I)
cortesía courtesy (I)
crecer to grow (I)
criado,-a servant (I, III)
Cuaresma Lent (I)
cuartazo type of coin (I)
cuchilladas clashing of swords (I)
culpa guilt (I)
curar to cure (I)

D

dama noble lady (I, II, III)
de paso a short visit (I)
de veras truly (I)
deber to be in debt to (I)
deidad deity (III)
depuesto,-a lacking, without (I)
desaire snub, trouble (I, II)
descubrir to discover (I, II, III)
desdén disdain (II)
desdicha misfortune (II, III)
desengaño disillusionment (I)
desmentir to dispel (I)
desnudo,-a naked (I)
despedir to say goodbye (I, II)
despreciar to not appreciate something
(I)
desvarío crazy idea (I, II)
detener to stop (I, II, III)
deuda debt (I)
deudo,-a relative (I)
dicha joy, happiness (I, II, III)
discreto,-a discrete (I)
disculpar to forgive (I)
disgusto problem (I, II, III);
annoyance (II)
disparates foolish remarks (II)
disponerse to intend to do something
(I)

doblón gold coin (I)
docto,-a prestigious (I)
dolor pain (I)
doncella young lady, virgin (I, III)
dorar to give a golden color to something (III)
dosel canopy (II)
dudar to doubt (I)
duende spirit (II, III)
duque duke (I)

E

echarse to throw oneself (from or on something) (I)
empeñarse to insist (I, II, III)
encantador/a enchanters (I)
encargar to charge (I)
encender to light (II)
encerrar to enclose (I)
encomienda duty (I)
encubrir to cover up (I, III)
energúmeno possessed person (I)
enfado anger, act that brings one to anger (I, II)
engañar to trick (I)
ensayar to rehearse (II)
entablar to strike up, to set up (I)
entretanto meanwhile (I)
entretener to entertain (I)
envasar to put away (I)
envidia envy (I, II)
enviudar to become a widow (I)
errar to err
escarmentar to learn one's lesson (I)
escobilla hairbrush (I)
escribanía box of writing materials (I, II)
escrúpulo doubt; scruples, sense of right and wrong (I)
esfera sphere (II)
espada sword (I, II, III)
espantar to frighten, to surprise (I, II, III)

esparcir to spread out (I)
espiar to spy (II)
esquivo,-a cruel (I)
estado status (I)
estimar to esteem (I, II, III)
estrago damage (I, III)
estrella star (fig. fate) (I, II, III)
excusar excuse, refuse (I, III)

F

familiares relatives; type of demon (I)
fiarse to trust (II)
fiera beast (III)
finezas acts of courtesy (I, II)
fingir to pretend (III)
flema phlegm (one of the four humors of the body) (I)
flor flower (I)
forastero,-a outsider (I)
fortuna luck (I, II, III)
fraguar to fabricate (II, III)
fraile friar (II)
fuente fountain (I)
fuerza strength (I, II); necessary (I, II, III); force (i.e. rape) (I)
fundamento foundation, basis (I)

G

galán handsome gentleman (I, II, III)
galardón repayment of a favor (I)
galas elegant clothing (I, III)
galera galley (I)
generoso,-a generous (II); grand (I)
gentileza quality of a gentleman (I)
gobierno governance (I)
golpe hit (I, II)
gozar to enjoy (II, III)
gozne hinge (I)
guardar to guard; to put away (I, II)
guiar to guide (II)

H

hábito attire (III)

hacienda estate (I)
hallar to find (I, II, III)
hechicero,-a wizard, witch (I)
hembra female (III)
herida wound (I)
herir to wound (I, II)
hidalgo a man of lower-rank nobility (I)
hielo ice, frost (I)
hierros tools (I)
holgarse to be pleased (I, II)
honrar to honor someone (I)
horma shoetree (I)
hospedarse to lodge (II)
huésped guest (I, II, III)
huir to escape (I, II, III)
hurtar steal (I, II)

I
ignorar to be unaware of (II, III)
industria clever idea (I)
infierno Hell (II)
ingenio wit, ingenuity (I, II)
injusto,-a unjust (I)
inquietarse to become restless or upset (I)
irse in theater, to leave the stage (I, II, III)

J
jamás ever (I)
jineta lance (I)
jornada day (I); act of a play (I, II, III)
juicio judgment (I)
justo,-a just, fair (I)
juzgar to judge (II)

L
labrar to build (I)
lacayo lackey, servant (I)
lana wool (II)
lance trick (II); strange occurrence (II)
legajo bundle (I)

legua league (III)
ley law (I)
librea uniform (I)
licencia permission (I)
lisonjear to flatter (II, III)
liviandad moral looseness (I)
liviano light (I)
lodo mud (I)
lograr to achieve (III)
lucir to shine (II, III)
luto mourning (III)
luz light (I, II, III)

M
mágico (n.) magician (I)
majestad majesty (I)
maldito,-a damned (II)
maleta suitcase (I)
manchar to stain (I)
marchitar to wilt (II)
mármol marble stone (II, III)
mas but, however (I, II, III)
medio remedy (II)
melindre silly (I)
menester necessity (III)
mengua discredit to one's reputation (I)
merced mercy (I, II); favor (I, II)
merecer to deserve (I, II)
meter to put in (I)
mezclar to mix (II)
mozo,-a young man, woman (I, II)
mudo,-a mute (III)
mula mule (I)

N
necio,-a (n.) fool (I, II); (adj.) foolish (I, II, III)
negar to negate (I, II, III)
nigromante sorcerer (I)
nobleza nobility (I)

O

ocasionar to cause (I)
oler to smell (I, II)
osar to dare (I)

P

padecer to suffer (III)
parecer to appear (I)
partes reasons (I)
pastor shepherd (III)
patas feet; paws (I)
pavesa ash, embers (II)
pecado sin (III)
pellejo leather for carrying tools (I)
pena pain (I, III); sentence (I); trouble (II)
pendencia quarrel (I, III)
peregrino,-a (adj.) extraordinary (III)
pesado,-a heavy (fig. a pest) (I, III)
pesar (v.) to weigh (heavily on someone) (I, II); (n.) sorrow (I, II, III)
placer pleasure (II, III)
plantas feet; plants (I, III)
plebe common folk (I)
poder (n.) power (I)
porfiar to insist (I, II)
portátil portable (I)
posada inn, lodging (I)
postrado,-a weak (I); kneeling down (III)
preciar to esteem (I)
premiar to award (I)
prendas articles of clothing (I)
presto quick (I, II, III)
pretender to intend to do something (I, II, III)
pretendiente applicant (I)
proceder to procede (I)
procurar to try to do something (I)
profesar to profess (I)
puerto port (I)
puñal dagger (II, III)

pundonor pride (III)

Q

quebrar to break (I)
quedarse to remain (I)
querella complaint (I, II)
quimera illusion (I)

R

rabiar to rage (I)
rato brief period of time (I, II)
real (adj.) royal (I); (n.) silver coin (I)
recato modesty (I, III)
recelar to distrust, suspect (I, II, III)
recogido ready for bed (I)
refrán refrain, saying (I)
refriega battle (I)
rejas bars (II)
render to surrender (II, III)
reñir to fight (I, III)
rentas income (I)
reportar to restrain (I, II, III)
resplandecer to shine (II, III)
retirarse to leave (I, III)
retrato portrait (I, II)
revolver to make a mess by scattering things around (I)
rezar to pray (I)
riesgo risk (I, II, III)
rogar to beg, to plea (I, II, III)
ruido noise (I)

S

sacamuelas dentist (I)
salas de competencia courts (I)
salir stage direction meaning "to come out onto the stage" (I, II, III)
santo,-a holy (II)
satisfacer satisfy, i.e. to give an apologetic explanation (I, II, III)
semejante similar (II)
señas identifying attributes (I)
sentir to feel (I); to perceive (II)

sepulcro sepulcher, grave (III)
siglo century (I)
siquiera at least (I)
sisar to steal (I)
sobre (n.) envelope (I)
soldado soldier (I)
soledad solitude (II)
soltar to let go of (I)
soltero,-a bachelor (I)
sombra shadow, shade (II, III)
soplar to blow (II)
sosegar to calm (III)
sospechar to suspect (I, II, III)
suceso event, occurrence, happening (I, II)
súcubo succubus (I)
suelo floor (II)
suerte luck (I, II, III); way, manner (I, II, III)
suplicar to beg (I)
suspenso,-a in shock (I)
sustentar support with food and clothing (I, III)
susto fright (I, II, III)

T
table plank of wood (I)
tapar to cover (I, II)
temblar to tremble (I, II)
temor fear (I, II, III)
tenacillas tweezers (I)
tenerse to stop (I)
tercero go-between (II, III)

testigo witness (II)
tiniebla darkness (III)
tirano,-a tyrant (II)
tiritar trembling (II)
toca woman's head-covering, veil (I)
toparse con to come across (II, III)
torbellino whirlwind (I)
torcer to turn, to twist (I)
tormenta storm (I)
torneo tournament competitors (I)
torre tower (I)
trabucar to rummage through (I)
traición betrayal (III)
traidor/a traitor (III)
tratar to treat someone in a certain manner (I)
travesura prank, mischief (I)
turbar to upset (I, II, III)

V
valer to be of worth (I, II, III)
vela candle (II)
velo veil (II)
vencer to defeat (III)
venganza revenge (I, II)
ventura luck (II)
vergüenza shame (I)
vidrio glass, mirror (I, II, III)
viuda (I)
volatín del carnal acrobat during Carnival (I)
voz voice (I, II, III)

Z
zanja ditch (I)

CPSIA information can be obtained
at www.ICGtesting.com
Printed in the USA
LVOW08s1627061216

516056LV00004B/707/P